Živko Marković

VELIKA
(SAMO)OBMANA

KOMUNIZAM
I
ANTIKOMUNIZAM

NAUČNA

Beograd, 2000.

VELIKA (SAMO)OBMANA
KOMUNIZAM I ANTIKOMUNIZAM
Živko Marković

Prvo izdanje

Izdavač: ITP „Naučna" D.O.O., Beograd, Knez Mihailova 40

Za izdavača: dipl. pravnik Mitar Vasiljević

Recenzenti: prof. dr Vera Pilić-Rakić, dr Aleksandar Todorović

Kompjuterska priprema: Nenad Ranković

Štampa i povez: Vojna štamparija, Beograd, Generala Ždanova 40b

CIP - Katalogizacija u publikaciji
Narodna biblioteka Srbije, Beograd

321.74

MARKOVIĆ, Živko

Velika (samo)obmana : (komunizam i antikomunizam) / Živko Marković. - (1. izd.) - Beograd : Naučna, 2000. (Beograd : Vojna štamparija). - 177 str. ; 20 cm

Beleške uz tekst

323.272

a) Komunizam b) Socijalistička revolucija

ID = 83568140

SADRŽAJ

3

UVOD

auk kruži Evropom, bauk komunizma, zapretili su sredinom XIX stoleća osnivači komunističkog pokreta u osnivačkom Manifestu. Za kratko vreme Bauk je prokrstario, i više od 150 godina krstari celim svetom. Danas, kada je Bauk prestao biti baukom, ostaje da se vidi šta se stvarno desilo. Nama koji smo pripadali ili još pripadamo komunističkom pokretu, leži na savesti obaveza da budućim generacijama to iz prve ruke dosluhnemo, kako bi na osnovu bliže ili dalje prošlosti mogle bolje definisati svoju budućnost.

Do danas je reč „komunizam" toliko isprofanisana da više gotovo i nema saglasnosti šta ona zapravo znači, a mnogi se stide i njenog pomena. Iza nje se skrivaju veoma različita, pa i kontradiktorna značenja da se ne zna ko šta misli kad je izgovori. Konfuzija je utoliko veća što je u različitom značenju upotrebljavaju ne samo različite, nego i jedne te iste individue. Ali to je neposredni izraz onoga što se dešavalo i što se dešava u samoj praksi komunističkog pokreta.

Pokret je nastao kao izraz ogorčenog protesta protiv postojećeg klasnog ugnjetavanja s osnovnim ciljem da se ono ukine i da se uspostavi slobodna komunistička zajednica bez klasa i bez ugnjetavanja.

5

Pošto je ta ideja bila privlačna za ugnjetene mase, brzo su se, prema klasnim pozicijama, formirala dva protivnička tabora: za, i protiv komunizma. Polarizacija je bila jednostavna, i jasno se razaznavalo ko je komunista, a ko antikomunista.

Ali kao i kod drugih velikih ideala, ni s ostvarivanjem komunističkih ideja ne ide jednostavno. Komunistički pokret je se po pitanju načina ostvarivanja svojih ciljeva pocepao na revolucionarno i reformističko krilo, a i sami revolucionari su se razišli oko karaktera i načina izvođenja revolucije. Na drugoj strani, reformisti su se delili po dubini socijalnih reformi za koje su se zalagali, a i buržoaske stranke su sve više izlazile u susret ekonomskim i političkim zahtevima radnika.

To je za rezultat imalo veliko razvodnjavanje izvornih ideja, ideologije i politike komunističkog pokreta. Nedoslednosti su se kretale od levičarskih skretanja do desničarskog antikomunizma koji je izvorne ideje komunizma potpuno odbacivao. U političkim igrama različitih interesa i ubeđenja prelazilo se iz jednog tabora u drugi, i obratno: komunisti su se priključivali antikomunistima, i antikomunisti komunistima; komunisti na rečima postajali su antikomunistima na delu, a komunisti na delu odricali su se komunizma na rečima. Mnogi samozvani i oficijelni komunisti deluju antikomunistički, dok drugi koji se protive oficijelnom komunizmu, tvrde za sebe da su oni pravi komunisti. Ispunjena najraznovrsnijim značenjima, reč „komunizam" postala je gotovo potpuno isprazna.

U međuvremenu su se promenile i objektivne okolnosti. Društvo i društvene nauke znatno su napredovali, zbog čega se izvorne ideje komunizma moraju i naučno redefinisati, što je delimično već učinjeno. Pored silnih ideoloških revizija, izvorni marksizam je celo vreme podvrgavan i naučnoj kritici, koja je pod svoju lupu stavljala ne samo instrumentalne nego i ciljne ideje komunizma. Preispitivane su ne samo zamisli kako da se do njega stigne, već i same predstave o slobodnom društvu.

Tvorci komunističkih ideja nisu osnivači marksizma, a ni pokret koji su oni osnovali, nije prvi komunistički pokret. Ideje i pokreti komunizma nastajali su kao reakcija na raspadanje prakomunističkih zajednica. Sve velike religije nastajale su kao komunistički pokreti za društvene jednakosti; Isus, Mohamed i Buda nisu bili manje komunisti od Marksa i Engelsa. Sve ideje predstavljaju protest protiv postojeće stvarnosti, iza kojeg stoje težnje za njenim menjanjem. Dok je prakomunistička opština funkcionisala kao egalitarna zajednica, javljale su se ideje narušavanja jednakosti, a čim je počelo njihovo ostvarivanje, ono je izazvalo rađanje suprotnih ideja o društvenim jednakostima.

Ali čim je crkva, kao oficijelni propovednik religije, postala vladajuća sila društva, ona je se od vatrenog pobornika jednakosti preobratila u okorelog zaštitnika nejednakosti, a sličan zaokret su sa osvajanjem vlasti, izvršile i komunističke partije kao oficijelni propovednici marksizma. Ideja jednakosti nije verbalno odbačena, jer bi to bilo nepopularno, već je licemerno izokrenuta u jednakost pred bogom i carem, ili pred partijom i državom; borba za stvarne jednakosti među ljudima, zamenjena je ideološkim zaslepljivanjem lažnim jednakostima.

Tvrdi se da su prvobitne religijske propovedi o jednakosti bile nazadne jer su se suprotstavljale klasnom raslojavanju bez kojeg ne bi bilo društvenog napretka, što se s istim razlogom može tvrditi i za izvorni marksizam ukoliko je zahtevao ukidanje još nedozrelog kapitalizma. Ali društveni razvoj, kao i sve ostalo, protivreči samom sebi, bez čega ga ne bi ni bilo. Težnje ka društvenim jednakostima su i napredne i nazadne, ne samo u različitim, već i u istim trenucima društvenog razvoja, koji se odvija kroz stalno narušavanje starih i uspostavljanje novih jednakosti i nejednakosti kao nerazdvojivih strana društvene stvarnosti pošto apsolutne jednakosti ili nejednakosti nema.

U prirodi je ljudskog bića da teži izjednačavanju sa drugima, ali težnji ka jednakosti ne bi ni bilo da nema nejednakosti, koje takođe proističu iz prirodne težnje ljudske individue za razlikovanjem od drugih. Niko, međutim, ne teži sopstvenom degradiranju, već teži izdizanju iznad drugih, pa ni izjednačavanju sa nižim, nego sa višim od sebe. Stoga su i težnja za razlikovanjem i težnja za izjednačavanjem u suštini progresivne, ali stvarni progres rezultira samo iz njihove konfrontacije. Klasno raslojavanje bilo je progresivno za eksploatatorske, a regresivno za eksploatisane klase. Suprotstavljanje klasnom raslojavanju je regresivno ukoliko znači suprotstavljanje društvenom progresu, a progresivno ukoliko podrazumeva izjednačavanje sa višim klasama, što je praktično nemoguće sve dok je klasna polarizacija društva nužan uslov njegovog opstajanja i napredovanja. Sve eksploatisane klase bore se za oslobađanje od eksploatacije, ne vraćanjem unazad već kretanjem unapred, a to je samo po sebi nezamenjivi činilac društvenog progresa.

Svi pokreti za društvene jednakosti mogu se nazvati komunističkim, pa su komunističke bile i sve religije dok su se borile za jednakosti među ljudima. Zabune nastaju zbog toga što komunističke organizacije zadržavaju stare nazive i kad se prestanu boriti za jednakosti, dok se organizacije koje se bore za društvene jednakosti, često ograđuju od komunizma ili se čak deklarišu kao antikomunističke, ali jedan od zadataka društvenih istraživanja je da i takve zavrzlame razmrse.

Ako se borba za društvene jednakosti može nazvati komunističkom, onda se borba za nejednakosti i protiv jednakosti mora označiti kao antikomunistička. Ali komunizam i antikomunizam nisu samo društveno suprotstavljeni frontovi. Pošto svaka ljudska individua teži i jednakosti i nejednakosti, generički koreni komunizma i antikomunizma su u duši svake individue, bez čega kao društveni frontovi ne bi ni postojali. Zato se ista individua, zavisno od društvenih okolnosti, može naći u bilo kojem frontu, i čak istovremeno delovati i komunistički i antikomunistički, pa su prelasci iz jednog u drugi front i nedoslednosti u društvenom delovanju gotovo uobičajena pojava.

8

Ljudi se ne rađaju ni kao komunisti ni kao antikomunisti, a i komunizam i antikomunizam ne idu jedan bez drugog. U divljim hordama nema težnji ka jednakosti jer po sili prirodnih prilika svi već žive jednako, a nema težnji ni ka nejednakostima ukoliko su još neostvarive. Antikomunizam se kao težnja za izdizanjem iznad zajednice, mogao pojaviti tek kad su se pojavile mogućnosti da jedni žive na račun drugih, zbog čega se, kao protivtežnja, morao pojaviti i komunizam. U suštini, antikomunizam je nastao radi zaštite eksploatacije, a komunizam radi zaštite od eksploatacije.

Antikomunisti vezuju komunizam za nerazvijena i primitivna društva, a komuniste optužuju da ljudsku zajednicu vraćaju u prvobitno stanje, koristeći to kao ideološku propagandu. Komunizam je, međutim, samo generička antipacija prakomunizma, sa kojim ima isto toliko veze koliko i svaki razvijeni organizam sa svojim embrionom. I kao što svaki živi organizam predstavlja razvojnu negaciju svog embriona, tako je i sa komunizmom, koji u suštini nije ništa drugo nego razvijena ljudska zajednica.

Prakomunistička zajednica se temelji na prirodnim (prvenstveno krvnim), a komunistička na razvijenim društvenim vezama. Prva je sakupljačka, druga stvaralačka. Jedna se korišćenjem prirodnih blagodeti održava na egzistencijalnom minimumu, dok druga pliva u sopstvenim radom stečenom izobilju. Prakomunističke jednakosti se zasnivaju na nemaštini, a komunističke na životnom izobilju; po nivou životne egzistencije, ljudi i mogu biti jednaki samo kad nemaju ništa ili kad imaju sve.

Sve suštinske razlike između komunizma i antikomunizma su istorijskog karaktera jer proističu iz dugotrajnog razvoja ljudskog rada i ljudskog roda, zasnovanog na razvoju duhovne aktivnosti. Razvijanjem nauke i tehnologije, čovek u materijalnu proizvodnju životnih sredstava sve više upreže prirodne sile da bi sopstvene sile oslobodio za slobodno stvaranje. Prakomunizam je počeo s apsolutnom dominacijom prinudne fizičke, komunizam treba da počne sa relativnom dominacijom slobodne duhovne aktivnosti.

Prinudna fizička aktivnost koja je, zbog nesposobnosti samostalnog individualnog delovanja, prvobitno obavljana čoporativno, podrazumevala je stopljenost nesamostalnih jedinki u amorfni kolektiv, čija je unutarnja diferencijacija vršena u zavisnosti od razvijanja duhovne aktivnosti, koja predstavlja generičku osnovu sve veće individualizacije i socijalizacije ljudske individue. Komunizam je individualizirana zajednica socijaliziranih individua, sposobnih da i svaka pojedinačno kao i sve zajedno žive samostalno, jer se moć zajednice podjednako manifestuje kroz moć svake individue.

Put od prakomunizma do komunizma nije samo stvar slobodnog izbora, već i neminovnost opstanka ljudskog roda, zbog čega je nužan isto koliko je i slobodan. Ceo ljudski rod i svaka ljudska jedinka nužno teže ostvarenju svoje generičke suštine sublimiranoj u idealno zamišljenoj zajednici, koju jedni nazivaju komunizmom, a drugi slobodnim društvom. Razilaženja nastaju samo zbog toga što bi i jedni na račun drugih hteli da društvene blagodeti što pre okuse.

Iz toga u suštini proistišu i razlike u izboru puteva, koji nisu unapred određeni iako je osnovni smer kretanja u samoj suštini ljudskog bića. Zato što svako teži boljem životu po svaku cenu, pa i na račun drugih, vodi se ne samo individualna, već i klasna borba koja, u krajnjoj liniji, vodi boljem životu za sve. Razlika između pravih komunista i pravih antikomunista je u tome što se prvi, kao nosioci generičkih težnji, bore za bolji život svih, a drugi, kao nosioci egoističkih težnji, samo za sebe.

Ovde bi trebalo pokazati šta se, i zašto, desilo da se pravi komunisti, koji su prihvatili revolucionarne ciljeve za oslobođenje svih i svakog, izopače u lažne komuniste, koji su preuzimanjem vlasti zaveli novo porobljavanje većine od strane manjine? Ili, preciznije, kako su, i zašto, komunističke partije kao najvatreniji pobornici komunizma, sa osvajanjem vlasti odjednom postale njegovi najveći protivnici?

O komunizmu je napisano mnogo propagande, a malo naučne literature. Istinu su suzbijali i komunisti i antikomunisti; prvi da bi prikrili svoje mane i promašaje, a drugi da bi komunizam optužili za sve nevolje ovog sveta. Ovde će biti učinjen skroman pokušaj da se iznese samo delić istine, koji će, zbog ograničenog prostora ili bolje reći iz finansijskih razloga, biti samo delimično argumentovan. Od čitaoca se ne očekuje da veruje autoru, koji će mu biti mnogo zahvalniji ako dodatnu argumentaciju, u literaturi i životu, sam potraži.

Čitaoca ne treba da zbunjuje zagonetni naslov ovog rada, čije je težište na analizi teorijskih i praktičnih promašaja komunizma. Jedni su te promašaje pravili iz ubeđenja, drugi radi karijere, a treći i zbog jednog i zbog drugog. Prvi su, obmanjujući i sebe i druge, zaista bili ubeđeni da je to što misle i čine ispravno i kad je pogrešno, drugi su ne mareći mnogo za svoja ubeđenja, obmanjivali samo druge, a treći su lavirali između jedne i druge krajnosti, prihvatajući da pored onog u šta su ubeđeni, rade i nešto što su lično smatrali pogrešnim.

To je sudbonosna konstelacija snaga komunističkog pokreta, u kojoj su drugi i treći ešalon prevagnuli, što je i dovelo do kobnog skretanja s istorijskog puta ostvarivanja iskonskih ideja komunizma. Da li se, i kako, zalutali i razbijeni pokret za komunizam kao jedina spasonosna perspektiva čovečanstva, može vratiti na pravi put, to je pitanje kojim se vredi pozabaviti, i kojim bi se morao pozabaviti svako kome je do potomstva stalo.

REVOLUCIJA I KONTRAREVOLUCIJA

*R*eč „komunizam" ima, u osnovi, dvojako: ciljno i instrumentalno značenje. Ciljno značenje izražava zamisao slobodnog, stvaralačkog i besklasnog društva međuljudske jednakosti kojem čovečanstvo teži i prema kojem se kreće. Ta zamisao je različita u vizijama raznih teoretičara i menja se sa razvojem društva i mišljenja. Drugačija je kod osnivača velikih religija, antičkih mislilaca, socijalista utopista, klasika marksizma i današnjih vizionara.

Instrumentalno značenje reči „komunizam" je trojako, i izražava: prvo, **učenje** o putevima ostvarenja ciljne ideje komunizma; drugo, **društveni pokret** za ostvarivanje te ideje; i treće, prelazni društveni **sistem** (ili poredak) iz klasnog u besklasno društvo.

Pošto je učenje o socijalističkoj **revoluciji** kao glavnom ili čak jedinom putu do komunizma označeno komunističkim, ono je taj atribut zadržalo i do današnjeg dana, pa se komunizam i u teoriji i u politici skoro neizostavno vezuje ze revoluciju. A kako je i prva organizacija koja se opredelila za revoluciju (Komunistička partija) nazvana komunističkom, ceo revolucionarni pokret je zadržao taj naziv. Analogno tome, komunističkim su nazvani i vladajući režimi (sistemi) koje su komunističke partije nakon preuzimanja vlasti uspostavljale.

Tvorci učenja o socijalističkoj revoluciji kao nezaobilaznom putu do komunizma, su Marks i Engels, po čemu se i ceo marksizam vezuje za revoluciju. Odnos prema tom epohalnom učenju, koje je uzdrmalo ceo svet, je veoma različit: od bezrezervnog prihvatanja do potpunog odbacivanja, i od ubeđenja da je ono nepogrešivo a da su samo nedoslednosti u njegovoj primeni krive za praktične promašaje, do proglašavanja za najveću utopiju koja se nigde i nikada neće ostvariti. Stoga se mora početi sa njegovom kritičkom analizom da bi se najpre sagledala teorijska i ideološka polazišta komunizma.

Marksizam je proglašen naučnom teorijom socijalizma jer se smatra da je otkrio pravi put do komunizma, što se, iz raznih razloga, delimično ili potpuno osporava. Potpuno osporavanje povezano je sa proglašavanjem komunizma za utopiju, a delimično se sastoji u osporavanju pojedinih nepotvrđenih ili neodrživih teza. Nema, međutim, u potpunosti održivih teorija jer nema apsolutnih istina.

Izvorni marksizam, pod kojim se podrazumeva učenje Marksa i Engelsa, sadrži više objektivnih saznanja o društvu nego ijedna druga teorija, a i ako su revolucije uopšte prirodna nužnost, onda ni učenje o socijalističkoj revoluciji ne može biti bez osnova. Ali, osnivači marksizma su pre svega revolucionari, odakle proističu svi domašaji i svi promašaji njihove teorije. Po rečima Engelsa, „...*Marks je pre svega bio revolucionar*...“, pa je i nauku shvatao kao „...*revolucionarnu snagu*“[1].

Kao strasni revolucionari, Marks i Engels ni u nauci nisu mogli biti nepristrasni. Svo vreme su bili u procesu između objektivnog sagledavanja društvenih tokova i subjektivnih težnji za što bržim i što radikalnijim društvenim prevratom, pa otuda i mnoge kontradiktornosti u njihovom učenju. Tek pred kraj života počeli su uočavati svoje „zablude“[2], čije se praktične reperkusije, međutim, nisu mogle izbrisati.

---

[1] K. Marks, F. Engels, Dela, Prosveta, Beograd, god. izd. od 1968-1979, tom 30, str. 281

[2] Vidi: isto, tom 33, str. 433

Ukidanje privatne svojine

Prema Manifestu Komunističke partije, „...*komunisti svoju teoriju mogu sažeti u jedan izraz: ukidanje privatne svojine...*"[1], što je označeno kao suština i osnovni smisao socijalističke revolucije. Rušenjem klasnog temelja trebalo je srušiti celo klasno društvo sa svim njegovim institucijama kao instrumentima klasne eksploatacije i ugnjetavanja. Preokupirani rušenjem postojećeg, osnivači komunističkog pokreta su ostavili nedorečenim nagoveštaje o stvaranju novog društva, ostavljajući i mogućnosti za prigodno manipulisanje i špekulisanje njihovim teorijskim i političkim stavovima.

Samim tim ostala je nedorečena i definicija socijalističke revolucije, kojom je izražena samo njena negatorska strana. Ako socijalistička revolucija znači kvalitativnu društvenu promenu, ona nije samo rušilački, već i stvaralački čin, što bi njenom suštinskom definicijom moralo biti izraženo, ne samo radi teorijske celovitosti nego i radi praktične celishodnosti jer ljudi, kao razumna bića, ne ruše da bi rušili već da bi stvarali, pa i da bi se staro razumno rušilo, mora se znati šta će se i kako novo graditi.

Zahtev za ukidanje privatne svojine star je koliko i sama svojina, koja je odmah shvaćena i doživljena kao glavni uzročnik društvenih nejednakosti, te nemaštine i životne bede ogromne većine, za račun bezobzirnog bogaćenja i blagodeti neznatne manjine društva. To je bio i

---

[1] Isto, tom 7, str. 390

15

osnovni razlog nastajanja masovnih religijskih pokreta, koji su ukidanje svojinskog monopola isticali kao prvi i najradikalniji zahtev, čime su zapravo i osvajali obezvlašćene mase.

Ukidanje svojinskog monopola postalo je glavna preokupacija svih obezvlašćenih i eksploatisanih klasa, samo što se nije znalo kako da se ono ostvari, što se nije moglo ni ostvariti a da se ne ukine samo, na svojinskom monopolu zasnovano, društvo. Iako je komunističku zajednicu smatrao najboljim društvenim uređenjem, Platon nije video mogućnost da se ona i ostvari, a posle neuspelih pokušaja socijalista utopista pojavili su se Marks i Engels sa idejom o socijalističkoj revoluciji kao jedino mogućem grobaru privatnog vlasništva i klasnog društva.

Ali kako se samom revolucijom ukida privatna svoilna, to je i dalje ostalo nedefinisano. Prema receptu koji su ideolozi socijalističke revolucije preporučili, proleterijat osvaja javnu vlast pomoću koje oduzima sredstva za proizvodnju od buržoazije, i najpre ih pretvara u državno, a potom u društveno vlasništvo[1]. Izgleda da se time revolucija i završava, ali to je samo formalnopravna strana društvene transformacije vlasništva.

Ako bi se sve na to svodilo, bilo bi nesvatljivo kako se taj dugovečni temelj klasnog društva koji je odolevao najezdama mnogih revolucija takoreći preko noći može srušiti državnim dekretima. To protivreči i Marks-Engelsovom shvatanju svojine kao produkcionog odnosa, koji je određen razvojem proizvodnih snaga te se ne može menjati proizvoljno, iz čega je izvođen i zaključak o najpovoljnijim uslovima za revolucinarne promene u industrijki najrazvijenijim zemljama.

Shodno shvatanju da je svojina proizvod oskudice, Engels je predviđao da će „...*revolucija proletarijata tek onda moći ukinuti privatno*

---

[1] Isto, tom 30, str. 183 i 187

vlasništvo kad bude stvorena masa sredstava za proizvodnju koja su za to potrebna[1]. To se očito razilazi sa napred pomenutim stavom o podržavljenju privatnog, i podruštvljenju državnog vlasnitva, koje je sam Engels formulisao. Ako se privatno vlasništvo može ukinuti nacionalizacijom, odnosno političkopravnom transformacijom u društveno vlasništvo, onda za to nije neophodna odgovarajuća masa proizvodnih sredstava, a ako je ona zaista neophodna, nacionalizacija je izlišna ili bar nedovoljna.

Nesaglasje se može otkloniti samo ako se društveno vlasništvo shvati kao oblik privatnog vlasništva, a Marks je komunizam zapravo i zamišljao kao „...*opšte privatno vlasništvo*"[2]. U tom slučaju, privatno vlasništvo se mora shvatiti, ne kao posebni, već kao opšti oblik vlasništva, pod koji se podvode svi ostali oblici, što ono u stvari i jeste.

Sam Marks je razlikovao dva, sveobuhvatna, oblika vlasništva: jedno koje je rezultat sopstvenog rada, i drugo koje se stiče prisvajanjem tuđeg rada. Prvi oblik je, međutim, tautologičan jer proističe iz prisvajanja svojeg i pojavljuje se samo u protivstavu prema drugom obliku, kao mogućnost otuđivanja, odnosno prisvajanja tuđeg, inače njegovo pravno sankcionisanje ne bi imalo nikakvog smisla. I razlika između tih oblika je relativna jer nema svojine koja je rezultat samo sopstvenog, ni svojine koja je stečena isključivo prisvajanjem tuđeg rada.

Svojinski odnosi među ljudima proističu iz relativne oskudice ili relativnog izobilja. Kad se ne stvara nikakav višak proizvoda koji pretiče iznad egzistencijalnog minimuma, nema se šta prisvajati, a prisvajanje nečega čega za sve ima u izobilju, je bez ikakvog smisla. Zato se svojina kao društveni odnos, javlja tek u proizvođačkom društvu gde se proizvodi više nego što sama priroda čoveku dariva, ali se još ne proizvodi toliko da svi imaju koliko im treba.

---

[1] Isto, tom 7, str. 302
[2] Isto, tom 3, str. 235

Privatna svojina je nastala sa pojavom viška proizvoda, oko čijeg se prisvajanja celo vreme vodi klasna borba u klasno polarizovanom proizvođačkom društvu. Kad bi se proizvodilo koliko kome treba, ne bi imalo smisla nikakvo prisvajanje, pa ne bi bilo ni privatne ni bilo kakve svojine, kao što nije bilo ni dok se ništa nije proizvodilo.

Samo su, dakle, dve mogućnosti za ukidanje privatne svojine: ukidanje same proizvodnje vraćanjem društva u stanje divljaštva, ili podizanje proizvodnje do nivoa životnog izobilja celog stanovništva. A pošto niko ne teži gorem nego boljem životu, razvoj proizvodnje je jedina realna mogućnost, koja zapravo i predstavlja osnovnu orijentaciju čovečanstva.

Za razvoj proizvodnje presudna su dva činioca: razvoj proizvodnih snaga i razvoj proizvodnih odnosa čiji su ekonomskopravni izraz u proizvođačkom društvu upravo svojinski odnosi. Oba činioca deluju istovremeno i uzajamno, a drugačije ne mogu ni delovati jer su činioci istog proizvodnog procesa. Glavna proizvodna snaga je čovek, a proizvodni odnosi su odnosi među ljudima i proizvodnim sredstvima koja oni proizvode i kojima raspolažu.

Ljudi i proizvode zato da bi proizvedenim dobrima slobodno raspolagali, a ukoliko im je sloboda raspolaganja ograničena ograničenim mogućnostima proizvodnje, oni nastoje da je povećaju, i povećavaju je ograničavanjem slobode jedni drugima. To ograničavanje vrši se zapravo kroz prisvajanje, a kad se prevladaju ograničene mogućnosti proizvodnje u odnosu na ljudske potrebe, prisvajanje će samo po sebi prestati.

Stvarne mogućnosti proizvodnje izražene su kroz nivo produktivnosti, koji je u osnovi određen razvijenošću proizvodnih snaga i proizvodnih odnosa. Čovek može da proizvede toliko koliko **zna** i koliko **hoće**. U znanju su sublimirana dostignuća nauke i tehnologije, a u htenju lična motivacija, koja je određena svojinskim statusom. Pojedinac je motivisan da proizvodi, pa i da koristi proizvodna znanja, toliko koliko je u mogućnosti da raspolaže proizvodom, zbog čega, ne samo što razvoj nauke i tehnologije zahteva da se razvijaju i svojinski odnosi, nego i razvoj svojinskih odnosa utiče na razvijanje nauke i tehnologije.

Pokretačka snaga proizvodnje je zapravo u protivrečnosti proizvodnih snaga i proizvodnih odnosa, koji se i podudarju i međusobno suprotstavljaju. Podudarnost je u tome što je proizvodna motivacija, određena svojinskim statusom, najveća proizvodna snaga, a suprotnost, što razvoj proizvodnih snaga stalno potkopava postojeće proizvodne i svojinske odnose, zahtevajući njihovu promenu, kao što svaka progresivna promena tih odnosa podstiče prevazilaženje postojećeg nivoa proizvodnih snaga.

Ukidanje svojine i prisvajanja svodi se u suštini na ukidanje ograničenih mogućnosti proizvodnje, a ono traje od nastanka same proizvodnje i prisvajanja. Težnja za što većom proizvodnjom radi raspolaganja što većom količinom proizvoda, goni na stalno podizanje produktivnosti, pre svega razvijanjem nauke i tehnologije, koje za sobom povlači odgovarajuće obrazovanje proizvođača, unapređivanje organizacije i ekonomije proizvodnog rada, i sve ostalo.

Pošto produktivnost označava proizvodnost ljudskog rada, ona se može povećavati samo dok se ljudski rad koristi u neposrednoj proizvodnji, to jest do potpune automatizacije, kojom se zapravo stvaraju neograničene mogućnosti proizvodnje u odnosu na ograničene (fiziološke) ljudske potrebe. Samim tim prestaje potreba za prisvajanjem kao potrebom svih potreba, s obzirom da je u životnoj oskudici imanje neizostavni uslov bivanja.

Zbog neodvojivosti od proizvodnog rada, svojina se ne može ukinuti bez ukidanja samog proizvodnog rada. A i kad bi mogla, to bi bilo pogubno jer upravo ona predstavlja glavnu pokretačku snagu razvoja proizvodnje, bez kojeg ne bi bilo nikakvog drugog razvoja, pa ni opstanka društva i čoveka. I kao što se neposredne proizvodnje čovek može osloboditi tek kad je do kraja razvije, tako se i svojinski odnosi moraju do kraja razviti da bi se oslobodilo njihovih okova.

Svojina se ukida samim razvijanjem, kao što sve živo umire samim življenjem, a razvijanje svojine otpočetka je bilo u funkciji razvijanja proizvodnje, radi čega je i nastala. Plemenska zemlja deljena je gensovima i porodičnim gazdinstvima da bi se bolje obrađivala, robovlasništvo je nastalo radi maksimalnog iskorišćavanja radne snage, ropstvo je zamenjivano kmetstvom da bi se povećala proizvodna motivacija, a najamništvo je uvedeno radi reprodukcije kapitala. Jedan oblik svojine ukidan je, a drugi uvođen da bi se proizvodnja brže razvijala.

Pri tom je sve veća privatizacija vršena uz sve veću kolektivizaciju jer su privatnost i kolektivnost lice i naličje svakog vlasništva. Podeljena plemenska zemlja ostajala je u posedu plemena, a privatno robovlasnicko, feudalno i kapitalisticko vlasništvo temelje se na državnom zajedništvu, jer država „...*određuje meru svih prava i obaveza, pa i svojine nad stvarima...*"[1], zbog čega sva „...*tri zakonodavstva koja vladaju Evropom - rimsko, germansko i slovensko, smatraju da samo država ima apsolutno pravo nad jednom stvari*"[2]. A u celoj „...*istoriji svojine zapaža se kretanje od više kolektivne ka više individualnoj i, naročito u novije vreme, od individualne opet ka kolektivnoj svojini*"[3].

---

[1] Dr Radomir Lukić, Društvena svojina i samoupravljanje, Savremena škola, Beograd, 1964, str. 35

[2] E. od Lavlej, Svojina i njeni prvobitnl oblici, izd. Dimitrija Nikolića Belje, Beograd, 1899, str. 501

[3] Dr Čed. Marković, U koliko je preporučljivo ograničavanje prava svojine, časopis „Pravosuđe", Beograd, br. 1516/1933, str. 5

Feudalno zemljovlasništvo je bilo više privatno i više kolektivno nego robovlasničko, a kapitalizam je industrijalizacijom i merkantilizacijom proizvodnje uveo opštu privatizaciju i opštu kolektivizaciju vlasništva, pa se Rener s pravom pita „...*zar tržište ne vlada čak i najsamovlasnijim fabrikantom i na usamljenom majuru naseljenim seljakom*"[1]. Mondijalizacijom industrijske proizvodnje i kapitala privatizacija i kolektivizacija su dobili planetarne razmere, u kojima sve privatne i nacionalne firme praktično rade kao integralni delovi jedne jedine planetarne korporacije, a svi individualni kapitali kao delovi jedinstvenog svetskog kapitala.

Socijalistička revolucija nema, prema tome, da ukida privatno, i uspostavlja kolektivno vlasništvo, koja jedno bez drugog nikada nisu ni postojali, već ima samo da do kraja razvije i dokrajči i jedno i drugo. Zato njena uloga nije samo likvidatorska, nego je i stvaralačka, i pre svega stvaralačka jer se samo kroz potpuno razvijanje može ukinuti privatno i svako drugo vlasništvo, koje će nestati tek kada svi postanu individualni i kolektivni vlasnici svega što je za prisvajanje.

Stvaralačka uloga socijalističke revolucije je u pretvaranju samog stvaralaštva u glavnu proizvodnu snagu i neposrednog činioca društvene reprodukcije. Ako buržoaska revolucija predstavlja revoluciju kapitala, kojom je sa funkcije glavnog sredstva reprodukcije potisnuta zemlja, socijalistička revolucija je revolucija znanja, koje u funkciji glavnog sredstva reprodukcije, potiskuje kapital. Kao ograničena materijalna dobra, zemlja i kapital su u funkciji glavnog sredstva društvene reprodukcije, i glavni predmet prisvajanja. Nasuprot tome, znanje se kao opštečovečansko duhovno dobro sa neograničenom upotrebom, ne može prisvajati i monopolisati. Svojina i prisvajanje se na taj način ukidaju ukidanjem samog predmeta prisvajanja u funkciji glavnog sredstva društvene reprodukcije.

---

[1] Karl Rener, Socijalna funkcija pravnih instituta, Kultura, Beograd, 1960, str. 161

Eksproprijacija i nacionalizacija

U skladu sa revolucionarnom strategijom komunističkog pokreta, svi komunistički prevrati usmereni su na ukidanje privatnog vlasništva. Još u toku oružanih obračuna radnici su oduzimali fabrike od svojih poslodavaca i uvodili radničku samoupravu, ali to se nije sasvim podudaralo sa proklamovanom strategijom Pokreta, po kojoj je kapitalističko privatno vlasništvo trebalo najpre nacionalizovati.

Iako su za neposredno uvođenje radničke samouprave bili i mnogi komunisti, prevladala su opredeljenja za nacionalizaciju. Prvo, zbog toga što su uslovi za ostvarivanje samoupravljanja bili izuzetno nepovoljni, drugo, što je nacionalizacija značila brzu koncentraciju kapitala, koja je omogućavala brži ekonomski razvoj, treće, što se mnogima tek osvojena vlast i kontrola nad društvenom reprodukcijom nisu ispuštali iz ruku, pa konačno, i zbog doslednog pridržavanja proklamovane strategije Pokreta, u koju se verovalo kao u najsigurniji put do konačne pobede revolucije.

Nacionalizacijom nije, međutim, vršena samo eksproprijacija eksproprijatora. Pošto su komunistički prevrati izvođeni uglavnom u agrarnim zemljama, nacionalizovani industrijski kapital nije predstavljao dovoljnu osnovu za ubrzani ekonomski razvoj, radi kojeg se, glavnina državne akumulacije morala crpeti iz poljoprivrede. Zato je nacionalizacija dopunjavana, i u suštini proširivana kolektivizacijom sela.

22

Mada se kolektivizacija formalno razlikovala od nacionalizacije, ona je suštinski značila podržavljenje poljoprivredne proizvodnje, iz koje je država izvlačila celokupan višak proizvoda i faktički upravljala poljoprivrednim gazdinstvima ma kako se ona nazivala. Sovjetski kolhozi i kineske komune su i tretirani kao prelazni ili niži oblici državnog, nazovi opštedruštvenog ili opštenarodnog vlasništva, a po ugledu na njih stvarana su kolektivna poljoprivredna gazdinstva i u drugim zemljama gde su komunističke partije bile na vlasti.

Koncentracija proizvodnih sredstava koja je izvršena putem nacionalizacije i kolektivizacije, predstavljala je osnovu ubrzane industrijalizacije nerazvijenih agrarnih zemalja. U Sovjetskom Savezu je industrijska proizvodnja do 1956. godine porasla za 1900% u od nosu na 1913. godinu, ili za 21 puta po glavi stanovnika, pa je i udeo radnika i službenika u ukupnoj strukturi stanovništva povećan sa 17% na 59,5%[1]. Slične efekte podržavljenje proizvodnih sredstava imalo je i u drugim zeniljama, gde je sprovođeno više iz ekonomskih nego iz ideoloških razloga.

U isto vreme i s istim osnovnim ciljem, nacionalizacija je vršena i u razvijenim industrijskim zemljama s izrazito antikomunistički nastrojenim vladajućim strukturama. Umesto socijalističke revolucije, kojom je trebalo ukinuti i privatno vlasnišivo i državu, u celom svetu je izvršena etatistička revolucija, kojom je sprovedeno stvarno, a dobrim delom i formalno podržavljenje sredstava društvene reprodukcije, u kojoj je država dobila veću ulogu no što je ikada imala.

Državno vlasništvo je najeksplicitniji oblik privatnog vlasništva koje se zasniva na otvorenom i nasilnom prisvajanju tuđeg rada, bez pardona. Nacionalizacija se, kao i oporezivanje, vrši jednostranim odlukama državnih organa, za koje se ne traži nikakva saglasnost druge

---

[1] Dostiženija Sovjetskoj vlasti za sorok ljet v cifrah, Gospolitizdat, Moskva, 1958, str. 131, dijagram br. 8; i 1957, dijagram br. 1

strane, i čije se sprovođenje, bez pogovora, obezbeđuje državnom prinudom. Eksproprisani vlasnik, baš kao i poreski obveznik, prestaje raspolagati svojom otuđenom imovinom istog momenta kad ona pređe u državne ruke.

Stoga državno vlasništvo nije ništa drugo nego do apsolutizacije i do apsurda dovedeno privatno vlasništvo, gde se gubi svaka suprotnost između privatnog i javnog, jer se privatno u potpunosti izjednačava sa javnim, a javno sa privatnim. Potpuno podržavljeno i formalno ukinuto privatno vlasništvo postaje faktički neograničeno privatno vlasništvo državnog suverena, koji državnom imovinom samovoljno raspolaže kao sa sopstvenim vlasntštvom. Formalnopravno je privatno vlasništvo ukinuto i pretvoreno u stvarno vlasništvo jedne jedine individue mimo koje drugih vlasnika i nema, zbog čega u zemljama etatističkog totalitarizma nisu ni donošeni zakoni o svojini.

Ukoliko raspolaže celokupnom društvenom imovinom državni suveren faktički raspolaže i celokupnim stanovništvom kao svojim podanicima, kojima pored imovine i život može oduzeti a da za to nikome ne odgovara. Pod neodoljivom tendencijom centralizacije privatnog kapitala, staljinizam je umesto komunizmu, težio industrijskom robovlasništvu s apsolutnom vladavinom jednog jedinog neprikosnovenog robovlasnika. Umesto ispunjenog revolucionarnog obećanja „fabrike radnicima, zemlja seljacima", sami seljaci i radnici su zajedno sa zemljom i fabrikama, predavani na neograničeno raspolaganje jednoj, iz njih samih iznedrenoj aveti antikomunizma, koja je, umesto „aveti komunizma" zapretila. Evropi i celom svetu.

U isto vreme sa podmuklim antikomunizmom, dubinske tendencije centralizacije privatnog kapitala izbacile su na površinu u obliku fašizma, i otvoreni antikomunizam, koji ni malo nije skrivao svoje porobljivačke namere. Drugi svetski rat značio je u stvari rasplamsavanje neugasive buktinje centralizacije kapitala, koja je od početka nacionalizacije bila usmerena ka mondijalizaciji, jer reprodukcija kapitala ne podnosi nacionalne granice.

Iz direktnog sukoba moćnih morao se kao konačni pobednik, izdvojiti najmoćniji posednik svetskog kapitala, sa sve snažnijom tendencijom da se u njegovom posedu koncentriše celokupno bogatstvo ovog sveta. Eksproprijacija eksproprijatora nije pogodila samo individualne, nego i kolektivne vlasnike privatnog kapitala; njene žrtve nisu postali samo pojedinci već i čitave nacije.

Sjedinjene Američke Države su imale sve tehnološke i ekonomske predispozicije da postanu vrhunski eksproprijator svih eksproprijatora i neprikosnoveni vlasnlk svetskog kapitala mimo svih svojinskopravnih ovlašćenja i ograničenja. Zato one mogu, ne samo preko svojih kolektivnih organa, nego i preko samog inokosnog suverena, da i ličnom i državnom imovinom. i ličnim životima i sudbinom čitavih nacija raspolažu kako hoće, sve do njihovog uništenja a da za to nikome ne odgovaraju. Dovedeno do apsurda, privatno vlasništvo je sada zaista ukinuto, ali ne od strane komunista već od njihovih najljućih protivnika.

Pitanje može li se industrijsko robovlasništvo dovedeno do svog vrhunca, održati, je pitanje može li se čovečanstvo sa savremenom tehnologijom proizvodnje vratiti u stanje divljaštva. Ali prirodno divljaštvo ne predstavlja haotično stanje, u koje savremeno društvo, iz svoje obesti, uvode apsolutističke snage industrijskog robovlasništva.

Ako privatna svojina predstavlja pokretačku snagu društvenog razvoja, onda je uslov razvoja i njena koncentracija, koja omogućava sve veća ulaganja u razvojne potencijale, pre svega u nauku, tehnologiju i obrazovanje. Kao što je nacionalizacijom ubrzavana industrijalizacija agrarnih zemalja, tako mondijalizacija doprinosi ubrzanom postindustrijskom, takozvanom informatičkom razvoju najrazvijenijih

25

industrijskih zemalja, pre svega SAD, gde se vlasništvo nad svetskim kapitalom koncentriše.

Vrhunac centralizacije donosi međutim, i kraj razvojne mobilizacije privatnog vlasništva. Centralizacijom se sužava broj vlasnika sve dok se nacionalizacijom individualni svojinski subjektivitat potpuno ne ukine, a obezličeno vlasništvo nije mobilizatorska, već je demobilizatorska snaga. Zato državno vlasništvo ne motiviše mnogo ni državnu birokratiju, iako ona njime faktički raspolaže, zbog čega se odsustvo ekonomske motivacije mora nadomeštati političkim podsticanjem.

Zbog svoje obezličenosti, državni kapital je nedostatak mobilizatorske moći svugde i svagda otpočetka ispoljavao, umrtvljujući proizvodne potencijale i proizvodeći utoliko veću krizu što je veću ulogu imao u društvenoj reprodukciji. U SAD je neiskoršćenost industrijskih kapaciteta od 1954. do 1961. godine povećana sa 10% na 23%[1], a „...*u Japanu se zbog velilkih gubitaka iz godine u godinu, koji se pokrivaju iz državnog budžeta, željeznice u javnim raspravama navode kao primjer neuspjeha državnog upravljanja privredom*"[2].

U zemljama komunističkog prevrata totalno podržavljenje privatnog kapitala predstavljalo je prethodnicu i industrijskog buma i ekonomskog kraha. „*Drakonskim metodama i ogromnim ulaganjima SSSR je postao industrijska velesila u periodu od samo deset godina...*"[3], ali su sve akutnijim postajali i problemi privredne efikasnosti, koja se nije mogla popraviti političkim metodama i marginalnim materijalnim stimulacijama. Dok je ukupan nacionalni dohodak SSSR-a do 1956. u odnosu na 1913. godinu porastao za 19,08 puta (po glavi stanovnika za 13,5 puta), a industrijska proizvodnja za 20 puta, produktivnost rada po

---

[1] Vladislav Milenković, Rad i kapital na zapadu, Sedma sila, Beograd, 1965, str. 20

[2] Drago Buvač, Anatomija japanskog uspeha, Globus, Zagreb, 1982, str. 89

[3] Savremeni svet, „Narodna knjiga" - „Vuk Karadžić" - „Rad", Beograd, 1983, str. 174

većana je samo za 9 puta[1], i to zahvaljujući pre svega mehanizaciji i automatizaciji proizvodnje, a gde mehanizacija nije automatski nametala proizvodnu disciplinu, kao u poljoprivredi, ona je čak i stagnirala. U odnosu na zapadne industrijske sile, produktivnost rada u SSSR bila je nekoliko puta niža, iako je u nekim sektorima, naročito u poljoprivredi, mehanizacija proizvodnje bila razvijenija[2].

Dok se privreda mogla razvijati u nacionalnim okvirima, to je bilo još i podnošljivo, a čim se otvorila prema međunarodnom tržištu, odmah je progutana od znatno moćnijeg svetskog kapitala. Takva sudbina zadesila je uglavnom i druge pretežno podržavljene nacionalne privrede, a kineska još odoleva zahvaljujući ogromnom nacionalnom trzištu i prilagodljivim reformama, ali je i ona izložena oštroj međunarodnoj konkurenciji, koja preti asimilacijom u međunarodni kolonijalni poredak.

Međunarodna centralizacija kapitala je međutim, gotovo iscrpela ekonomske i političke mogućnosti, zbog čega se vraća nasilničkim metodama kolonizacije, odbacujući civilizacijske tekovine ekonomske i političke borbe ukoliko joj ne odgovaraju. Time se isključuju sve mogućnosti daljeg razvoja, pa i samog opstanka ljudske zajednice, koja se mora razvijati da bi opstajala. Čovečanstvo je se našlo na sudbonosnoj prekretnici kad mora odlučnije krenuti napred ili propasti.

---

[1] Dostiženija Sovjetskoj vlasti za sorok ljet v cifrah, isto, str. 327, dijagrami br. 6, 7 i 8

[2] David J. Dallin, The Changing World of Soviet Russia, New Haven: Yale University Press, 1960, str. 37

Reprivatizacija privatnog

Industrijalizacija agrarnih zemalja podrazumevala je njihovo sve veće uključivanje u međunarodno tržište i sve veće integrisanje njihovog nacionalnog kapitala u jedinstveni svetski kapital, što je automatski vodilo prelivanju kapitala iz neproduktivnijih u produktivnije firme, i neproduktivnijih u produktivnije zemlje. Zbog toga su zemlje totalitarnog etatizma sa niskom produktivnošću, umesto proklamovanog sustizanja i prestizanja, sve više zaostajale za najrazvijenijim industrijskim zemljama, a trka za osvajanjem međunarodnog tržišta, u kojoj su svoje proizvode prodavale ispod cene koštanja, vodila je sve većem iscrpljivanju njihove nacionalne privrede.

S ekonomskim iscrpljivanjem vršeno je političko potkopavanje i ideološko diskreditovanje totalitarnih etatističkih sistema, koji su zapadali u sve dublju ekonomsku, polltičku i ideološku krizu. A pošto su ih i komunisti i antikomimisti proglašavali socijalističkim, jedni su tugovali dok su drugi likovali, što je došao kraj socijalizmu i komunizmu, potpuno isključujući mogućnost bilo kakvog drugačijeg socijalizma i komunizma.

Nalazeći uporište u ideološkim zabludama samih pripadnika komunističkog pokreta da je totalitarni etatizam pravi i jedino mogući socijalizam, antikomunistička propaganda je imala snažnu argumentaciju da izazove nedoumice, kolebanja i promenu okorelih dogmatskih ubeđenja. Odlučujući udarac antikomunizma nije, međutim, izvršen

28

preko lakovernih i neuticajnih komunista, već preko prikrivenih i karijeristički nastrojenih antikomunista, koji su zauzimali ključna mesta u partijskom i državnom aparatu, i kojima sem lične vlasti, bogatstva i lagodnog života nidočega drugog nije stalo.

Zato totalitarni etatistički sistemi nisu rušeni „odozdo", nego „odozgo", ne od strane podaničkih masa od kojih su štićeni, već od samih štićenika koji od vajnih vodećih komunista takoreći prekonoć postadoše ljuti protivnici komunizma. Mnogi su još odranije radili za strane antikomunističke sile, a drugi im se brzo pridružiše čim osetiše da „brod naglo tone". Priključi im se i sva ideološka volumenta koja je komunizam do neba uzdizala, a sad odjednom okrete da ga srozava u najdublje blato.

Na glavnom udaru napada nađe se ono što je bilo najunosnije napadati, i što je predstavljalo noseći stub vladajućeg etatističkog sistema takozvano društveno ili opštenarodno, a u suštini državno vlasništvo, koje je trebalo krčmiti među brojnim lešinarima. Nasuprot deprivatizaciji, kao vodećoj devizi socijalističke revolucije, reprivatizacija postade vodeća deviza doskora prerušenog, a sada sasvim otvorenog antikomunističkog pokreta. Iz prikrivene, etatizacija se pretvori u otvorenu antisocijalističku kontrarevoluciju.

Otvoreni antikomunizam nije mogao pronaći bolji oslonac od prikrivenog antikomunizma. Kao najperfidniji oblik privatnog vlasništva bez legitimnih vlasnika, državno vlasništvo ima za svoje nosioce najperfidnije nelegitimne vlasnike. Svaki legitimni birokrata je nelegitimni sudionik u raspolaganju državnim vlasništvom, i svaki je istovremeno nelegitimno vlasništvo legitimnog državnog vrhovnika kojem se ropski pokorava. Stoga svaki faktički prisvaja deo, tuđim radom stvorene, društvene ili opštenarodne imovine, težeći da prisvoji sve što se prisvojiti može i sanjajući, radi toga, o najvišoj vlastelinskoj poziciji. Nezadovoljstvo koje proističe iz nemogućnosti da taj san ostvari, čini

29

ga potencijalnim izdajnikom, ne samo vladajućeg režima već i vlastite domovine.

Privatizacija nije, prema tome, predstavljala nikakvu novinu u antikomunističkom zaokretu komunističke vlastele, koja je samo počela da radi otvoreno i legalno ono što je ranije radila prikriveno i nelegalno. Narod je vlastoljubive komuniste već odavno proglasio „grabuljistima", koji su pored legalnih prinadležnosti, grabili i sve ostalo što se moglo zgrabiti, i to utoliko više što su više pozicije zauzimali. Privredni kriminal, „korisne" poslovne malverzacije, sitne i basnoslovne pronevere društvene imovine, mito, dodvornički pokloni, besplatni godišnji odmori i provodi, službena i neslužbena putovanja o državnom trošku, samo su neki od oblika beskrupuloznog prisvajanja tuđeg „znoja".

Nije se taj narodni „znoj" slivao samo u ličnu potrošnju grabežljivih prisvajača. Ukoliko privatni biznis nije dozvoljavan u zemlji, selio se u inostranstvo, gde su od kapitala stečenog na štetu sopstvene države i državnih preduzeća, osnivane privatne firme dovitljivih „socijalističkih" menadžera ili njihovih rođaka i poslovnih ortaka. Iako o tome nema zvaničnih statističkih podataka, zna se iz sudskih procesa, političkih osuda i drugih formalnih i neformalnih izvora, da je na taj način veliki deo nacionalnog kapitala „socijalističkih" zemalja stalno denacionalizovan i otuđivan preko državnih granica.

Čim je proklamovana javna privatizacija, sve je odjednom postalo dozvoljeno, pa i bezobzirno prisvajanje tuđeg, kako je privatizacija u komunističkom pokretu uglavnom i shvatana, te stoga javno osuđivana. Kao pečurke posle kiše, počele su da niču privatne firme i firmice, u koje je na razne načine pretakan kapital javnih preduzeća, i to po nalogu njihovih sopstvenih direktora, koji su se odmah počeli da ponašaju kao njihovi privatni vlasnici. Postala je masovna pojava da direktori i direktorčići javnih preduzeća osnivaju i svoja privatna preduzeća, pojavljujući se i pred zakonom kao dupla odgovorna lica ili proseći zakonske odgovornosti na najbliže srodnike.

Razumljivo je stoga što je i sama privatizacija javnih preduzeća krajnje privatizovana i često dovođena do apsurda da su njihovim kupcima postajali sami prodavci, koji su društvenu imovinu sami sebi rasprodavali u bescenje. Ono čime je faktički već raspolagala, privredna i politička birokratija je sada i formalno prenosila u svoje privatno vlasništvo sa neograničenim pravom raspolaganja.

Pošto je u njoj i sama sudelovala, državna i vladajuća partijska birokratija, ne samo što bezobzirnu privatizaciju nije sprečavala, nego ju je na razne načine, posredno ili neposredno i potpomagala. I nije se zadovoljavalo time da se privatizuje već privatizovana državna imovina, nego je vršena i dodatna privatizacija posezanjem za ličnom imovinom građana. Najdrastičnije oblike dodatne privatizacije, potpomagane od same države, predstavljale su galopirajuća inflacija, siva ekonomija i pljačka lične štednje građana.

Galopirajuća inflacija nije bila samo prateće zlo, nego i značajan činilac privatizacije. Obezvređivanjem novca obezvređivan je društveni kapital koji je rasprodavan u bescenje, ali je ceo ceh inflacije i dodatno plaćao ceo narod jer ga niko drugi nije ni mogao platiti. Krajnji rezultat je bio da se narodno bogatstvo za tili čas slivalo u ruke malobrojnih profitera, a protivinflatorne mere su preduzimane tek kad je nekontrolisena inflacija dovodila do privrednog i socijalnog kolapsa.

Divljanje u prisvajanju praćeno je i potpomagano divljanem u celokupnoj društvenoj reprodukciji, a u svakom divljanju jači iskorišćavaju slabije da bi na kraju profitirali samo najjači. Cela društvena reprodukcija je prsktično podređivana bezobzirnoj akumulaciji kapitala u posedu šačice novopečenih kapitalista, pa i po cenu bestidnog gaženja svih pravnih i moralnih normi, koje su država i vladajuće stranke, ne samo tolerisale, nego su u tome i prednjačile jer su najpre one stavljene u funkciju takve reprodukcije. U opštem haosu društvenog podzemlja najgore je prolazila proizvođačka raja, na koju je padao sav teret državnog budžeta; sve zakonske obaveze koje su novopečeni poslodavci izbegavali, prebacivane su na pleća njihovih nezaštićenih najamnika.

Pošto je se u divlje podzemlje preselio i novčani promet, banke su se dale u masovnu pljačku štediša, koju država ne samo što nije sprečavala, nego je u njoj preko svojih banaka i na druge načine, i sama sudelovala. Javnom pljačkom lične imovine građana otvoreno je demonstrirana antikomunistička politika privatizacije kojom se svojina stečena sopstvenim radom, uz pomoć državne sile, uzurpira i pretvara u svojinu stečenu prisvajenjem tuđeg rada, čime se klasna eksploatacija javno i otvoreno prihvata za osnovu društvenog sistema. Ako je nacionalizacijom individualna eksploatacija pretvarana u grupnu eksploataciju, denacionalizacija predstavlja obrnut proces.

Sa stanovišta društvenog razvoja, to nije progresivna, već regresivna tranzicija; nije kretanje unapred nego unazad, vraćanje na nešto već preživljeno i preživelo. Ali kretanje unapred nije u interesu ni domaće vlastele ni stranih imperijalnih sila, čije bogatstvo utoliko više narasta ukoliko više odskaču od onih koje eksploatišu.

Ako je nacionalizacijom vršena ubrzana koncentracija privatnog kapitala, koja je predstavljala osnovu ubrzanog ekonomskog razvoja, denacionalizacijom se vrši ponovna dekoncentracija stvaranjem proizvodnih patuljaka i privatnih ćepenaka, koji na otvorenom međunarodnom tržištu mogu konkurisati samo jedni drugima. A to je ono što svetske imperijalne sile i njihove metanacionalne korporacije zapravo i hoće da razbijanjem, za sebe čvršće vežu i lakše progutaju oslabljene nacionalne privrede.

Iako su totalnom etatizacijom nacionalne privrede dovedene u duboku krizu, imperijalne sile ne podstiču denacionalizaciju radi njihovog jačanja, već radi još većeg slabljenja. Zato one stalno napadaju nacionalne režime koji usporavaju ili odbacuju denacionalizaciju pojedinih državnih preduzeća, čija bi reprivatizacija vodila slabljenju državnih funkcija u regulisanju društvene reprodukcije, pa i paralisanju reprodukcionih tokova ukoliko bi njihovo društveno regulisanje bilo sasvim isključeno.

Nacionalnoj vlasteli je, međutim, u interesu da pored sitnosopstveničkog, očuva i krupno državno vlasništvo jer je upravo ono osnova njene nacionalne vladavine, koja je i u funkciji sitnosopstveničke reprivatizacije. Državni funkcioneri su postali vlasnici privatnih firmi, a vlasnici moćnih i uticajnih privatnih firmi najlakše prisvajaju i značajne državne funkcije. Zato se za totalnu denacionalizaciju zalažu samo antikomunistički orijentisane opozicione stranke, ali i one menjaju svoja opredeljenja čim se dokopaju vlasti.

To je i razumljivo, pored ostalog i pre svega zbog toga što totalna denacionalizacija isto kao i totalna nacionalizacija vodi u sve dublju ekonomsku i društvenu krizu. Tendencije totalne denacionalizacije vratile su zemlje totalitarnog etatizma stotine godina unazad, u totalni liberalizam koji prelazi u društvenu anarhiju, dovodeći do privrednog kolapsa, što kolonijalističkim ambicijama imperijalnih sila najviše odgovara.

Dok su ranije, apsolutizujući državno planiranje, odbacivale tržište, sada su zemlje totalitarnog etetizma u tranziciji stale da odbacuju svako društveno planiranje zarad apsolutizacije tržišta. A vladavina tržišne stihije postala je osnova društvenog haosa u kojem se više ne zna ni „ko pije ni ko plaća". Kidanjem veza etatističke reprodukcije pokidane su sve društvene veze jer drugih društvenih veza gotovo da nije ni bilo.

Društveno planiranje je zapostavljano i zbog toga što je zapostavljana proizvodnja pošto društvo nije bilo preokupirano stvaranjem, već raspodelom i preraspodelom nacionalnog dohotka. S obzirom da je glavni teret javne potrošnje svaljivan na proizvodjača, svi su iz proizvodnje bežali u prometne i uslužne delatnosti, pa je osnivan neuporedivo veći broj prometnih i uslužnih nego proizvodnih firmi.

Zbog toga je dolazilo i do velike migracije naučnog i stručnog kadra u razvijene industrijske zemlje, naročito u SAD, koje u uslovima sve veće uloge znanja u društvenoj reprodukciji, ništa bolje nisu mogle ni poželeti. Dok su osiromašene zemlje „u tranziciji" moljakale bogate zemlje za skupocene kredite, ove su im besplatno uzimale najdragoceniji kapital, čije je otimanje postalo najunosniji i najgenocidniji oblik eksploatacije bez ikakvih ulaganja.

Denacionalizacijom je stvorena još drastičnija socijalna polarizacija nego što je bila u vreme totalitarnog etatizma. Gotovo da su nestali srednje imućni slojevi, koji su se, nasuprot enormnom bogaćenju nacionalne vlastele i buržoaskih skorojevića, zajedno s proizvođačkim masama srozali do minimuma životne egzistencije. Među njima je i najveći deo stvaralačke inteligencije, koji je, pored ostalog i pre svega, zbog smanjenih ulaganja u stvaralačke delatnosti, skoro onemogućen da stvara.

Proizvođačke mase su dovedene u najgori, gotovo robovski položaj, zbog čega je njihova proizvodna motivacija pala na najniži mogući nivo, a sa time je drastično pala i društvena produktivnost rada. Pošto se državni propisi, koji su po najamnu radnu snagu ionako nepovoljni, masovno krše, radnici su praktično prepušteni na milost i nemilost razuzdanih poslodavaca, koji voluntaristički sve sami rešavaju.

Kakvi su unutarnacionalni, takvi su i međunarodni odnosi jer ceo svet sve više postaje jedna nacija. Zemlje „u tranziciji" su, zajedno s ogromnom većinom ostalih zemalja, na minimumu društvene reprodukcije, koja se jedva održava jer gotovo celokupan višak njihovog nacionalnog proizvoda proždire nekolicina neokolonijalnih sila, koje faktički, posredno ili neposredno, raspolažu celokupnim svetskim bogatstvom, i koje su stoga u poziciji da se prema ostalom svetu voluntaristički ponašaju, kršeći sve međunarodne i sve unutarnacionalne norme.

U trci za bezobzirnim prisvajanjem tuđeg, krše se pre svega i iznad svega svojinska prava i pojedinaca i pojedinih država, a da se za to nikome ne odgovara jer iznad svevišnjih prekršilaca nema viših sila pred kojima bi mogli odgovarati. I stari i novopečeni antikomunisti su javno pokazali da im sveto pravo privatne svojine, u koje se stalno zaklinju, a koje gaze kad god im zatreba, nije ni malo svetije nego što je bilo bivšim, i što je sadašnjim komunistima.

Bar što se tiče privatne svojine, više se zaista ne zna ko je komunista, a ko antikomunista. Ceo svet je zapao u veliki košmar, iz kojeg se ne može izvući bez svetske revolucije, ili će sam sebe osuditi na konačnu propast. Ta revolucija je u stvari počela, i nastali košmar je samo opšta pometnja kojom kontrarevolucionarne snage pokušavaju da je po svaku cenu spreče. Da li će u tome uspeti, najviše zavisi od odlučnosti progresivnih snaga čovečanstva koje svetsku revoluciju nose.

35

KARAKTER I OSNOVNE DIMENZIJE REVOLUCIJE

*T*eorijsko polazište revolucionarnog komunističkog pokreta zasniva se na jednostranom i apsolutističkom shvatanju revolucije. Izvorni marksizam do apsolutizacije precenjuje, prvo, revoluciju u odnosu na evoluciju, i drugo, političku revoluciju u odnosu na socijalno-ekonomsku i naučno-tehnološku revoluciju, što je imalo fatalne praktične implikacije, i po komunistički pokret i po socijalističku revoluciju.

Takvo polazište proisteklo je, s jedne strane, iz neodoljive težnje da se kapitalistički klasni poredak što pre i po svaku cenu sruši, a s druge strane, iz nesagledavanja perspektive brzih i korenitih tehnoloških i socijalno-ekonomskih promena na kojima bi se zasnivale i odgovarajuće društveno-političke promene. Marksističko učenje o socijalističkoj revoluciji sračunato je u suštini na avanturistički pokušaj da se u odsustvu objektivnih ekonomskih i socijalnih uslova, korenite društvene promene izvrše nasilnim prevratom.

Revolucija i evolucija

Proglašavanjem revolucija za lokomotive istorije, osnivači revolucionarnog komunističkog pokreta su evoluciju potpuno odbacivali kao sredstvo klasne borbe, zastupajući tezu da je samo „...*revolucija pogonska sila istorije, a i religije, filozofije i ostale teorije*...“[1], i da će „...*tek u takvom redu stvari u kome neće biti klasa ni antagonizma među njima društvene evolucije prestati da budu političke revolucije*“[2].

Već ti stavovi odaju teorijsku konfuziju. Ako se društvene evolucije u klasnom društvu ispoljavaju kroz političke revolucije, zar onda i one nisu pogonske sile istorije, ili se evolucija i revolucija međusobno isključuju i istorijski smenjuju, ali u tom slučaju ne važi stav da će evolucije prestati da budu političke revolucije, odnosno da se kroz njih uopšte ispoljavaju. I ako će u besklasnom društvu umesto revolucija, evolucije biti pogonske sile istorije, znači li to da revolucija više neće biti, u kom slučaju ne važi generalni stav da je revolucija pogonska sila istorije, ili same istorije više neće biti.

Konfuzija proističe iz ideoloških zastranjivanja u apsolutizovanju istorijske uloge revolucije. Marks i Engels su bili pre svega strasni revolucionari, pa su i teoriju, po cenu njene ideologizacije, stavljali u funkciju ostvarivanja revolucionarnih ciljeva. Po recima samog Engelsa, „...*Marks je prije svega bio revolucionar*...“, i „...*sudjelovati na*

---

[1] K. Marks, F. Engels, Dela, isto, tom 6, str.39
[2] Isto, tom 7, str. 144

ovaj ili onaj način u rušenju kapitalističkog društva i državnih ustanova koje je ono stvorilo, sudjelovati u oslobađanju modernog proletarijata, kojem je on prvi ulio svijest o njegovom vlastitom položaju i o njegovim potrebama, svijest o uslovima njegovog oslobođenja - to je bio pravi životni poziv"[1].

Osnivači revolucionarnog komunizma nisu teorijski odbacivali društvenu evoluciju, uviđajući da je „...*cjelokupno kretanje istorije, sa jedne strane, zbiljski akt rađanja komunizma*...", i da radnicka klasa „...*ima samo da oslobodi one elemente novog društva koji su se već razvili u krilu dotrajalog buržoaskog društva*..."[2], ali su kategorički tvrdili da se to oslobodenje može izvršiti samo pomoću proleterske revolucije, kao „...*jedinog rešenja svih pitanja koja počivaju na suprotnosti između kapitala i najamnog rada*..."[3], jer je „...*vladajuću klasu nemoguće svrgnuti na neki drugi način*"[4].

Suprotno prethodnom stavu da radnička klasa ima samo da oslobodi one elemente novog društva koji su se već razvili u krilu starog, osnivači marksizma su u ideološkim zastranjivanjima išli čak dotle da su tvrdili kako je „...*komunizam empirijski moguć samo kao delo vladajućih naroda, izvršeno „ odjednom" i istovremeno*"[5]. Kad bi to zaista bilo moguće, onda bi evolucija kao razvojni proces bila sasvim izlišna ili bi se svodila samo na stvaranje kvantitativnih predpostavki revolucije, kako se često i shvata.

U svom revolucionarnom zanosu Marks i Engels su, kao zakleti materijalisti, platili danak Hegelovom idealizmu. Ako Hegel prelaz svoje apsolutne ideje u materijalnu realnost nije mogao objasniti drugačije

---

[1] Isto, tom 30, str. 281
[2] Isto, tom 3, str. 237 i tom 28, str. 247
[3] Isto, tom 10, str. 202
[4] Isto, tom 6, str. 37/8
[5] Isto, tom 6, str. 34

nego čudovišnim skokom, materjalistički protagonisti njegove dijalektike su pokušali da ostvarenje svojih komunističkih ideja na sličan način objasne čudotvornim skokom još nedozrelog klasnog društva (u kojem se još nisu razvili elementi besklasnog društva) iz carstva nužnosti u carstvo slobode.

Kao idealista, Hegel nije mogao do kraja razviti dijalektiku, ali to kao materijalisti, nisu mogli ni njegovi učenici, koji su plaćanjem danka idealizmu morali platiti danak i metafizici. Revolucionarne promene, po Hegelu, „...*uopšte nisu samo prelaz jedne veličine u drugu, nego su prelaz kvalitativnog u kvantitativno, i obrnuto, postajanje drugim, prekid postepenog..., kvalitativno drugo, suprotno prethodnom stanju*"[1]. Shodno tome, po Marksu, tek „...*na izvjesnom stupnju svoga razvitka materijalne proizvodne snage društva dolaze u protivurečje s postojećim odnosima proizvodnje...*", kada „...*nastupa epoha socijalne revolucije...*"[2], kao prelaz na nove proizvodne odnose.

Revolucija je, dakle, i kod Hegela i kod Marksa čudovišan skokoviti prelaz kvaliteta u kvantitet i kvantiteta u kvalitet, kao diskontinuitet kontinuiteta sadržanog u postepenim, evolutivnim promenama. Ni jedan ni drugi nisu se sasvim oslobodili teističkih predrasuda o čudotvornoj moći stvoritelja; samo što je kod Hegela ta moć u samom apsolutnom duhu, a kod Marksa u sprezi proletarijata sa filozofijom, jer „...*kao što filozofija u proletarajatu nalazi svoje materijalno oružje, tako i proletarijat u filozofiji nalazi svoje duhovno oružje*"[3]. Ali oslanjanje na čudotvorstvo predstavlja izraz nemoći da se promene objasne samim promenama.

Ako se pretpostavi da su samo revolucionarne promene kvalitativne i diskontinuelne, tako da se „...*pod revolucijom podrazumeva u*

---

[1] Zbornik Dijalektički i historijski materijalizam, III izdanje, Nakladni zavod Matice hrvatske, Zagreb, 1978, str. 74

[2] Dela, isto, tom 20, str. 332

[3] Dela, isto, tom 3, str. 160

suštini svaka kvalitativna promjena bilo čega..."[1], onda ostaje da su evolutivne promene samo kvantitativne i kontinuelne, te da se evolucija i revolucija uzastopno smenjuju, prelazeći jedna u drugu. Ali ukoliko se evolucija i revolucija ne dešavaju istovremeno, prelaz jedne u drugu ne može se objasniti njihovim međusobnim odnosom, pa se upomoć mora prizvati neka spoljašnja sila.

Takvo objašnjenje moguće je jedino ako se pretpostavi da u stvarnosti postoji samo *„...jedinstvo postepenosti (evolucija - od lat. evolutio=otvaranje, kontinuiteta) i skokovitosti (revolucije, diskontinuiteta) u svim stvarima - procesima..."*, te da *„...evolucija i revolucija nisu samo dve uzastopne faze svakog razvoja koje se smenjuju, već da se one prožimaju..."*[2]; i da nisu suprotnosti koje se isključuju, već suprotnosti koje se podudaraju i međusobno uslovljavaju, što svaki razvojni proces upravo i čini protivrečnim i razvojnim.

To podrazumeva da niti se evolucija svodi samo na kvantitativne, ni revolucija samo na kvalitativne promene, već da i jedna i druga uključuju i kvantitativne i kvalitativne promene. Ako kvaliteta nema bez kvantiteta, ni kvantiteta bez kvaliteta, onda ni njihovog menjanja nema bez istovremene promene i jednog i drugog. Revolucijom se može označiti svaka **suštinska** promena koja znači prelaz starog u novo, nižeg u više, i nerazvijenog u razvijeno. U tom smislu, revolucija zaista znači večito vraćanje na početak, ali uvek na početak nečeg novog i naprednijeg.

Revolucija, međutim, nije trenutan, već trajan i relativno dugotrajan čin prelaza starog u novo. Skokovitost je samo pojavni oblik koji protivreči suštini revolucije, a može biti i puki privid iza kojeg ne stoje nikakve suštinske promene, koje ne nastaju odjednom, već kao

---

[1] Zbornik „Dijalektički i historijski materijalizam", isto, str. 74 (Predrag Vranicki)

[2] Dr Andrija Stojković, Dr Bogdan Šešić , Dijalektički materijalizam, „Naučna knjiga", Beograd, 1967, str. 341

rezultat niza prethodnih, manje bitnih i nebitnih promena, njihovim narastanjem i prerastanjem u suštinsku promenu, kao okončanje starog i početak novog.

Ni evolucija nije samo niz nebitnih promena, koji se prekida bitnim promenama, već je neprekidni niz bitnih i nebitnih promena među kojima nema oštre granice ni vakuma. Ali i revolucija je diskontinuelna samo u tom smislu što označava smenu i zamenu starog novim, među kojim takođe nema vakuma jer se novo samo u starom začinje i iz starog u novo izrasta. Pa ni u tom smislu, revolucija nije samo diskontinuelna, već je i kontinuelna pojava jer se novo u starom začinje čim ovo počne da odumire, tako da je rađanje novog i umiranje starog istovetan proces. Zato i evolucija i revolucija predstavljaju istovetan, mada u sebi samom protivrečan razvojni proces jer novo nastaje samo kroz suprotstavljanje starom.

Odnos evolucije i revolucije najprostije se može objasniti na primeru jajeta i pileta. Pojava pileta i pucanje ljušture jajeta iz koje se ono pomalja je trenutni čin, ali tome je prethodio relativno dugotrajan proces preobražavanja jajeta u pile, koje se na svet pojavilo tek kad je dostiglo određeni stadijum svog razvića. Da je ljuštura jajeta pre vremena razbijena, razvojni proces bi bio prekinut, pa ne bi bilo ni pileta ni jajeta. I evolucija i revolucija u razvitku pileta počele su u istom momentu njegovog začeća jer je nastajanje pileta kao nečeg novog, potpuno istovetno sa nestajanjem jajeta kao nečeg starog. Bila bi čista lakrdija ako bi se revolucija svela samo na sam momenat izlaska pileta iz jajeta.

Što se dešava u prirodi, to se, u suštini, mora dešavati i u ljudskom društvu jer je i ono neodvojivi deo prirode. Zato se sa razvojem prirodnih nauka, redefiniše i pojam društvenih revolucija, tako da se danas sve više govori o permanentnoj revoluciji kao kontinuelnom, a ne samo diskontinuelnom procesu, pa se i proleterska revolucija shvata kao „...*dug istorijski proces koji se ostvaruje kroz nastajanje i razvijanje određenih proizvodnih snaga*"[1].

U stvari, ceo razvoj društva od samog nastanka do ostvarenja njegove suštine, može se označiti globalnom socijalističkom (društvenom) revolucijom, koja se sastoji od niza velikih i malih, većih i manjih revolucija kao neprekidnog i neprekidivog niza suštinskih promena u društvenom razvoju. One se nadovezuju jedna na drugu kao kontinuitet diskontinuiteta i diskontinuitet kontinuiteta, kojih u stvarnosti nema jednog bez drugog.

Da bi podstakli stvaranje što jačeg revolucionarnog naboja, osnivači revolucionarnog komunizma su svesno ignorisali istorijski kontinuitet, a preuveličavali društveni diskontinuitet socijalističke revolucije. Izražavajući sasvim otvoreno svoju klasnu i revolucionarnu pristrasnost, Marks je, i ne hajući za naučnu objektivnost pisao: „...*da bi se revolucija jednog naroda i emancipacija jedne posebne klase građanskog društva poklapale, da bi jedan stalež važio kao stalež cijelog društva, za to se moraju, obrnuto, svi nedostaci društva koncentrisati u jednoj drugoj klasi, za to mora jedan određeni stalež biti stalež opće smetnje, otjelovljenje općih prepreka, za to mora jedna posebna socijalna sfera važiti kao notorni zločin cijeloga društva, tako da se oslobođenje od te sfere pojavljuje kao opće oslobođenje*"[2].

Ni Engels se nije libio ideološkog izvrtanja objektivne stvarnosti, pišući kako proletarijat „...*da bi razvio svoju revolucionarnu energiju, da bi mu samom postao jasan njegov neprijateljski stav prema svim ostalim elementima društva, da bi se koncentrisao kao klasa, mora ... da počne time što će odbaciti od sebe sve što bi ga moglo izmiriti s postojećim društvenim poretkom*"[3].

---

[1] Antonio Gramši, Filozofija istorije i politike, „Slovo ljubve", Beograd, 1980, str. 124

[2] Dela, isto, tom 3, str. 158

[3] Isto, tom 10, str. 303

Živko Marković   VELIKA (SAMO)OBMANA

S istim ciljem Marks i Engels su namerno prećutkivali sve po-
dudarnosti, a preuveličavali sve suprotnosti klasnih interesa proletari-
jata i buržoazije. Iako mu je bilo sasvim jasno da su najamni rad i kapi-
tal „...*dve strane jednog istog odnosa*...“, da „...*kapital pretpostavlja
najamni rad a najamni rad pretpostavlja kapital*...“, te da se „...*oni
uzajamno uslovljavaju*...“ i „...*uzajamno stvaraju*...“, Marks je stalno
isticao samo njihovu suprotnost. Engels je čak i svoja saznanja iz pri-
rodnih nauka revidirao prema ideološkim potrebama proleterske revo-
lucije. U razmatranju dijalektike prirode, on piše da je „...*biljka, živo-
tinja, svaka ćelija u svakom času svoga života identična sa samom so-
bom, ali i različita od same sebe...*, ali da u realnosti ne postoji iden-
tičnost kao takva ni u anorganskoj prirodi*...“, čime celu dijalektiku
svodi na „...*suprotnosti, koje upravo i uslovljavaju život u prirodi svo-
jom neprekidnom borbom i svojim konačnim prelaženjem jedne u dru-
gu ili u više oblike*“[1]. Shodno tome, i društvene protivrečnosti se svode
na društvene suprotnosti, tako da se „...*protivrečnost između društvene
proizvodnje i kapitalističkog prisvajanja ispoljava kao suprotnost iz-
među proletarijata i buržoazije...*“ i „...*kao suprotnost između organi-
zacije proizvodnje u pojedinačnoj fabrici i anarhije proizvodnje u cije-
lom društvu*“[2].

Na izjednačavanju društvenih protivrečnosti sa društvenim sup-
rotnostima zasnovana je teorija klasnih suprotnosti i klasne borbe kao
glavnog ishodišta političkih revolucija. U „Anti-Diringu“ Engels za-
pravo tvrdi da je „...*moderni socijalizam po svojoj sadržini pre svega
plod posmatranja, s jedne strane, klasnih suprotnosti koje vladaju u
današnjem društvu između bogataša i sirotinje, najamnih radnika i
buržoazije, i, s druge strane, anarhije koja vlada u proizvodnji*“[3]. U

---

[1] Isto, tom 31, str. 398 i 396
[2] Isto, tom 30, str. 176 i 178
[3] Isto, tom 31, str. 16

skladu s tim, gradansko društvo je jednostrano prikazivano kao društvo nepomirljivih klasnih suprotnosti i opšteg *„…rata svih protiv svih…"*, gde se *„…pojedinačni kapitalist bori protiv ostalih kapitalista, pojedinačni radnik protiv svih ostalih radnika…"*, a *„…svi kapitalisti se bore protiv svih radnika, kao što, opet masa radnika nužno mora da se bori protiv mase kapitalista"*[1].

Ali opšti rat svih protiv svih proističe iz opšte težnje za ostvarenjem istog interesa - prisvajanja jednog te istog proizvoda, oko čije „podjele" upravo i *„…bjesni neprestano borba…"* jer *„…svaka klasa nastoji da se dokopa što većeg dijela…"*[2]. Iz istog razloga besni i unutarklasna borba, jer što nastoji svaka klasa, nastoji i svaki pripadnik klase, pri čemu među pripadnicima suprotstavljenih klasa dolazi ne samo do sukobljavanja nego i do solidarisanja, a do sukobljavanja pripadnika iste klase dolazi upravo zbog solidarisanja među pripadnicima različitih klasa, i obratno, što međuklasne odnose čini znatno složenijim nego što ih apsolutizovanjem klasnih suprotnosti, teorija klasne borbe prikazuje.

Iz jednostranog svođenja društvenih odnosa na klasne suprotnosti proisteklo je i jedostrano svođenje pokretačkih snaga društvenog razvoja na klasnu borbu, a sa time i odgovarajući zaključak da je *„…istorija svakog dosadašnjeg društva istorija klasnih borbi"*[3]. Krajnji postulat do kojeg se tim svođenjima došlo, jeste da je klasna borba *„…jedini način delovanja klase proletarijata…"*[4], a proleterska revolucija *„…otvoreni rat siromašnih protiv bogatih"*[5]. Očekivano je da će se položaj proletarijata sve više pogoršavati, a klasna borba rasplamsavati

---

[1] Isto, tom 5, str. 211
[2] Isto, tom 30, str. 212
[3] Isto, tofm 7, str. 380
[4] Isto, tom 32, str. 402
[5] Isto, tom 5, str. 225

dok na „*...svom vrhuncu...*" ne dovede do „*...potpune revolucije*"[1]. Iz analize opšteg zakona kapitalističke akumulacije, Marks je zapravo izvodio zaključak da „*...radnikov položaj mora bivati sve gori što više kapital akumulira, ma kako radnik bio plaćen, visoko ili nisko...*"[2], jer se zakoniti pad profitne stope mora kompenzirati dizanjem stope viška vrednosti, odnosno stepena eksploatacije.

Zbog jednostranog svođenja klasnih protivrečnosti na klasne suprotnosti, jednostrano je i neminovnost proleteleterske revolucije izvođena iz sve većeg nezadovoljstva proletarijata izazvanog klasnim suprotnostima, a ne iz dubine objektivnih protivrečnosti i neminovnosti njihovog prevazilaženja, nezavisno od subjektivnog raspoloženja suprotstavljenih klasa. Zato se umesto izvođenja iznutra, revolucija morala podsticati spolja raspirivanjem klasne netrpeljivosti i revolucionarnih strasti, ali kad bi se revolucije mogle tako izvoditi, onda bi socijalistička revolucija bila moguća već u robovlasništvu kad su klasne suprotnosti bile najoštrije i za eksploatisane mase najnepodnošljivije.

Uprkos tendenciji pada profitne stope, predviđanja o zaoštravanju klasnih suprotnosti bila su neosnovana jer se one tokom istorije nisu povećavale, već su se smanjivale pošto nisu ni mogle biti veće nego u robovlasništvu kada je vladajuća klasa imala sva, a podanička nikakva prava. Ali i da je moglo biti obrnuto, društvo se ne bi razvijalo nego bi nazadovalo, što bi bilo suprotno svakoj logici njegovog postojanja i opstajanja. Ako je kapitalizam najviši stadijum u razvoju klasnog društva, što su i sami osnivači komunističkog pokreta naučno dokazivali, logično je da se u njemu klasne suprotnosti još više i sve više smanjuju, a ne da se povećavaju.

Potpuna isključivost i apsolutna nepodnošljivost suprotstavljenih strana postojala je samo pre klasne polarizacije društva kada su

---

[1] Isto, tom 7, str. 114

[2] Isto, tom 21, str. 560-571 i tom 23, str. 198-209

pobednici ubijali pobeđene jer im nisu bili potrebni, a čim su ih počeli pretvarati u robove, njihova suprotstavljenost postala je neodvojiva od njihove međuzavisnosti, i ceo razvoj klasnog društva proisticao je iz oba pola te protivrečnosti. Nije se samo rob za slobodu borio u svom interesu, nego mu je i robovlasnik veću slobodu davao u sopstvenom interesu, a progresivno menjanje oblika feudalne rente bilo je u interesu obeju suprotstavljenih klasa. Sami osnivači komunistickog pokreta tvrdili su da „...*buržoazija ne može da postoji a da neprekidno ne revolucioniše oruđa za proizvodnju, dakle odnose proizvodnje...*"[1], što je i u neposrednom ili istorijskom interesu proletarijata, pa i na liniji stvaranja istorijskih preduslova ili neposrednih pretpostavki socijslističke revolucije.

Sve je to u nesumnjivoj kontradiktornosti sa tezom o zaoštravanju klasnih suprotnosti, ali ne i sa rasplamsavanjem klasne borbe, koja se kroz istoriju sve više rasplamsavala zapravo zbog smanjivanja klasnih suprotnosti, jer što su protivničke snage više izjednačene, borba je žešća ali i manje brutalna što je klasni antagonizam manji. Kapitalizam je, uostalom, ne zbog same radničke klase, već pre svega radi sopstvene reprodukcije, prvi put u istoriji legalizovao klasnu borbu kroz demokratske oblike, omogućivši njeno kontinuirano vođenje, i to ne na štetu, nego u korist ostvarivanja revolucionarnih ciljeva.

Diskontinuelističko shvatanje revolucije je, naprotiv, tome više štetilo nego koristilo. Pošto objektivno razrešenje protivrečnosti klasnog društva još nije bilo na pomolu, ono je, baš suprotno materijalističkim polazištima marksizma, jednostrano potraženo u subjektivnim snagama - veštačkom raspirivanju klasne netrpeljivosti i buntovničkom raspoloženju proletarijata zadojenim revolucionarnom filozofijom. Zato revolucija nije ideološki prikazivana kao istorijski proces koji objektivno teče, sa voljom ili (i) protiv volje pojedinih društvenih

---

[1] Isto, tom 7, str. 383

klasa, već pre svega kao stvar slobodne volje, idejnog opredeljenja i revolucionarne spremnosti, što je u kontradikciji sa teorijskim stavom osnivača marksizma o objektivnoj uslovljenosti društvenih promena[1].

Prva praktična implikacija takvog ideološkog zastranjivanja bila je da je se i sam komuntstički pokret pocepao, ne samo po pitanju uslova, karaktera i načina izvođenja revolucije, već i po pitanju za, ili protiv revolucije, Metafizičko podvajanje evolucije i revolucije postalo je ideološka osnova za političko podvajanje celog radničkog pokreta na revolucionarno i evolucionističko - komunističko i reformističko krilo.

I umesto koncentracije snaga na podsticanje i izvođenje objektivno mogućih, krupnih ili sitnih, dubinskih ili površinskih, bitnih ili nebitnih promena u neposrednom ili istorijskom interesu radničke klase, silna energija je trošena i utrošena na međusobne rasprave, raspre i sukobe oko toga da li postojeći svet treba klesati malo po malo ili ga iz temelja srušiti pa graditi novi, kao da je to stvar proizvoljnog opredeljenja.

Ukorenjen u ideološka polazišta, voluntarizam je ostao večiti pratilac komunističkog pokreta. Razapet između ideologije i nauke, marksizam je lako pretvoren u apologiju dnevne politike. Nauka je gurnuta u stranu, a naučnike su zamenili ideolozi, čiji su lični kriterijumi postali najviši kriterij svake istine i naučne valjanosti. Time je komunistički pokret izgubio pravi kompas svog delovanja, što je i njegova najveća tragedija jer bez pouzdane orijentacije kuda se kreće, nije ni mogao delovati kao pokret.

Marksizam je u funkciji lažne komunističke, ili antikomunističke ideologije, iz nauke pretvoren u teologiju; naučne istine zamenjivane su neprikosnovenim ideološkim dogmama. Onozemaljski umotvorci i stvoritelji su radi toga odbacivani da bi se, po božijoj zapovesti „nemoj imati drugih bogova osim mene jednoga", napravilo mesta za

---

[1] Vidi: isto, tom 30, str.173

ovozemaljske umotvorce i stvoritelje. Staljinu se (kao, manje ili više, i drugim komunističkim vođama na prestolu) moralo verovati i klanjati više nego bogu, jer On (kako se i pisalo velikim početnim slovom) je (samo) proglašen za tog jednog i jedinog boga koji jedini sve zna i sve može.

Ni za rodonačelnika Marksa nije više bilo mesta među obogotvorenim komunističkim umovima. Njegove okrepljujuće misli pretvarane su u umrtvljujuće dogme, i on je prestajao da bude ono što je stvarno bio, postajući to što su njegovi apostolski propovednici hteli da bude. Najzloćudniji revizori marksizma nisu bili Bernštajn i bernštajnovci, nego marksisti, potpomognuti samim Marksom, koji je svojim kontraverznim ideloškim zastranjivanjima taj posao započeo, a njegovi verni i krivoverni sledbenici ga nastavili i dovršili, osiromašujući i pretvarajući bogatu riznicu znanja i ideja u ideološki kanončić duhovnog kretenizma.

Marksizam je predstavljao revolucionarnu misao utoliko ukoliko se zasnivao na vekovnoj evoluciji naučne i filozofske misli. Ukoliko je iskakao iz tog kontinuiteta, on se pretvarao u kontrarevolucionarnu dogmu, kojom je s uškopljavanjem slobodarske misli uškopljavan i slobodarski komunistički pokret. Inovacije ne može biti bez tradicije, kao što ni revolucije nema bez evolucije.

Antievolucionistički i diskontinuelistički pristup socijalističkoj revoluciji navodio je komunističke pokrete na potpuni raskid sa prošlošću, bez koje nema ni budućnosti. Apel za kritiku svega postojećeg, shvatan je i prihvatan pri takvom pristupu, kao zahtev za negiranje i odbacivanje svega postojećeg, što bi značilo graditi novi svet kao čardak ni na nebu ni na zemlji. Zato su se avanturistički zaleti u visoke visine, redovno završavali strmoglavim padovima u još dublje dubine.

Ignorisanjem prošlosti budućnost je oktroisana po unificiranom šablonu, koji se nije mogao nakalemiti na veoma raznovrsne uslove i

49

tekovine društvenog razvoja, zbog čega su revolucionarne inicijative komunističkog pokreta odbojno delovale. U prokrustrovu postelju sovjetizma trebalo je smestiti svaku zemlju na prelazu iz starog u novi svet, bez obzira na sve njene specifičnosti, što je praktično bilo neizvodljivo, ne samo zbog antikomunističkog otpora, koji je silovanjem objektivne stvarnosti upravo i stvaran.

Ali nisu ignorisane samo specifičnosti, nego je odbacivano celokupno nasleđe prošlosti. Sve komunističke partije su odmah po osvajanju vlasti odbacivale celokupan sistem kapitalističke reprodukcije: tržišnu proizvodnju, razmenu, raspodelu i potrošnju, zamenjujući je dirigovanom etatističkom reprodukcijom, sa čime je i politički sistem višepartijske palamentarne demokratije zamenjen jednopartijskim sistemom autokratske vladavine. Samim tim je i delovanje ekonomskih i drugih društvenih zakona zamenjeno dirigovanom reprodukcijom celokupnog društvenog života, čime su društvene nauke učinjene potpuno suvišnim, a ideološka propaganda preko potrebnim sredstvom društvenog usmeravanja.

Pošto su još osnivači komunističkog pokreta utvrdili da sa socijalističkom revolucijom prestaju sve političke revolucije, socijalizam je odmah po osvajanju vlasti proglašavan već uspostavljenim, a revolucija završenom, ali filozofija diskontinuiranog voluntaristički dirigovanog društvenog razvoja nije napuštena. Umesto revolucionarnim promenama, diskontinuitet je sada ostvarivan „odozgo" dirigovanim reformama između kojih se, pogotovu „odozdo", ništa nije smelo menjati.

Velike revolucionarne skokove trebalo je, u izgradnji komunizma zameniti malim reformskim skokovima, koji neće značiti razaranje već nadograđivanje starog novim, jer nasuprot svemu antikomunističkom koje treba da propadne, sve što je stvoreno pod zastavom komunizma, treba da ostane. Pošto nije bila zadovoljna malim skokovima, Komunistička partija Kine je, politikom „velikog skoka" i „kulturne revolucije", na svoju ruku odstupila od tog pravila, ali je poraznim rezultatima samu sebe kaznila, i revolucije ponovo zamenila reformama.

Što su zaleti za velike skokove bivali veći, oni su se, kao po nekom pravilu, završavali i većim padovima, koji se nisu sastojali samo u padu proizvodnje i životnog standarda, već i u vraćanju na preživele, pa i davno preživele društvene odnose i oblike života. Pošto novo ne može nastajati bez oslonca na staro, planirani skokovi unapred su se neminovno pretvarali u skokove unazad.

Organsku vezu između starog i novog, prošlog i budućeg, čine protivrečnosti postojećeg i sadašnjeg, koje je u svakom momentu istovremeno i staro i novo, i prošlo i buduće. Te protivrečnosti sastoje se od jedinstva suprotnosti, na kojem se zasniva sve postojece. Još je Hegel uočavao da je svaki „...*predmet u jednom te istom pogledu suprotnost samome sebi: za sebe ukoliko je za drugo, a drugo ukoliko je za sebe...*"[1], pa je i „...*nebiće kao nešto neposredno i sebi jednako upravo isto to što je i biće...*", te je „...*istina bića kao i nebića u jedinstvu oba...*", a „...*ovo jedinstvo je postojanje*"[2].

Ako su najamni rad i kapital, kao što je Marks, u skladu s tim, pisao „dve strane jednog istog odnosa", koje su istovremeno i suprotne i podudarne[3], onda su istovremeno suprotni i podudarni, i interesi najamnog radnika i poslodavca, proletarijata i buržoazije, jer jedna strana ne može bez druge, iako ne mogu ni jedna sa drugom. I one su u stalnom sukobu upravo zato što su sudbonosno vezane jedna za drugu, ali ne bi bile ni sudbonosno vezane da nisu međusobno i suprotstavljene tako da svaka od njih poseduje ono što druga nema, a bez čega ne može.

---

[1] Fenomenologija duha, „Kultura", Zagreb, 1955, str. 72

[2] Dijalektika - logička nauka, „Kosmos", Beograd, bez god. izd, str. 132

[3] Dela, isto, tom 9, str. 342-346

Živko Marković   VELIKA (SAMO)OBMANA

Zato je već buržoaska revolucija morala da proklamuje osnovne principe socijalističke revolucije: slobodu, bratstvo i jednakost, ne samo radi toga da bi revolucionisala mase, već pre svega zbog toga što se bez njih ni kapitalizam ne bi mogao razvijati iako se sa njima na svakom koraku sukobljava. To samo po sebi govori, ne samo o kontinuitetu, već i o preklapanju buržoaske i socijalističke revolucije, koje su podudarne koliko su i suprotstavljene, jer kao jedinstvo suprotnosti, zakon protivrečnosti vlada i društvenim pojavama i društvenim procesima, koji i nisu ništa drugo do suština samih pojava.

Nije, prema tome, socijalistička revolucija samo društveni pokret za ostvarenje socijalističkih ciljeva, već celoviti društveni proces, koji, u širem (pa čak ne ni u najširem) smislu, započinje već sa buržoaskom revolucijom. Ceo tok kapitalizma se stoga mora tretirati kao razvojna faza socijalizma, inače ne bi bilo ni tako žestokog sukoba između komunizma i antikomunizma.

Revolucionarni komunistički pokret bi se, s obzirom na to, morao boriti i za, i protiv kapitalizma, za ukoliko je njegov razvoj na liniji ostvarivanja socijalističkih ciljeva, a protiv ukoliko se tome suprotstavlja. On bi radi toga, sa buržoazijom morao i sarađivati na ostvarivanju podudarnih, a suprotstavljati joj se u sukobu nepomirljivih klasnih interesa, što bi bio neizostavni uslov i unutarklasnog jedinstva radničke klase i njenog političkog pokreta.

Bez obzira na način osvajanja vlasti (mirnim ili oružanim putem), radnička klasa bi, upravo radi ostvarivanja sopstvenih ciljeva, morala prihvatiti sve progresivne tekovine klasnog društva kao polaznu osnovu daljeg društvenog razvoja. Time bi bile otvorene perspektive za ubrzani i što brži razvoj svih, uz istovremeno prevazilaženje odnosa međusobnog iskorišćavanja kojima se jedni razvijaju na račun drugih.

Samo na taj način mogu se prevazići veliki potresi i prevrati, koji sami po sebi ne mogu biti nikakva garancija revolucionarnih promena.

52

A revolucionarnih promena će biti sve dok bude društva jer su one neizostavni uslov društvenog, kao i svakog drugog razvoja. One se, međutim, mogu vršiti samo uz uvažavanje i ostvarivanje, a ne uz ignorisanje i narušavanje objektivnih društvenih zakonitosti, zbog čega politički voluntarizam mora biti zamenjen dezideologiziranim scientizmom u usmeravanju društvenog razvoja.

Politička revolucija

Diskontinuelističko shvatanje socijalističke revolucije bilo je preko potrebno kao teorijski oslonac ideološkom stavu o njenoj suštini - ukidanju privatne svojine, sa kojom se nacionalizacijom htelo raskinuti **odmah** i što pre, a raskidom sa privatnom svojinom trebalo je odmah raskinuti i sa celom, na njoj zasnovanom klasnom nadgradnjom. U „Nemačkoj ideologiji" proleterska revolucija okvalifikovana je kao „...*rušenje osnove svega postojećeg*...", a prema „Manifestu Komunističke partije", „...*proletarijat ne može da se podigne, ne može da se uspravi, a da se ne baci u vazduh cijela nadgradnja slojeva koji sačinjavaju zvanično društvo*"[1].

Uz danak Hegelovom idealizmu, morao je biti plaćen i danak Fojerbahovom metafizičkom materijalizmu. Da bi se preskočila nepremostiva provalija između carstva nužnosti i carstva slobode, trebalo je staru zgradu najpre do temelja srušiti, pa novu na goloj ledini graditi, iako po dijalektici rušenje i stvaranje nisu naizmenične, već istovremene radnje kojima se novo gradi rušenjem starog, a staro ruši građenjem novog.

Vekovno klasno društvo je se do temelja samo nekom čudotvornom **silom** moglo odjednom srušiti, zbog čega je proleterska revolucija okarakterisana kao **nasilni** rušilački čin. Označivši je kao „...*otvoreni rat siromašnih protiv bogatih*..."[2], pisci „Manifesta Komunističke

---

[1] Dela, isto, tom 6, str. 39 i 388
[2] Isto, tom 5, str. 225

54

partije" su u ime svih komunista „...*otvoreno izjavili da se njihovi ciljevi mogu postići samo nasilnim rušenjem čitavog dosadašnjeg društvenog poretka*"[1]. Pošto su bili ubeđeni da se kapitalisti nikada neće dobrovoljno odreći sredstava za proizvodnju, oni su mislili da će proletartijat tek „...*kad kao vladajuća klasa nasilno* (podv. Ž.M.) *ukine stare odnose proizvodnje,...ukinuti i uslove postojanja klasne suprotnosti*...", i da se „...*u početku to može dogoditi samo pomoću despotskog posezanja u pravo svojine i u buržoaske odnose proizvodnje*"[2].

To je trebalo da znači da je socijalistička revolucija pre svega **politički** čin, što je, radi stvaranja teorijskog uporišta, i generalizovano stavom da je „...*revolucija, uopće, rušenje postojeće vlasti i razaranje starih odnosa - politički akt*...", te da je i „...*socijalizmu potreban taj politički akt ukoliko mu je potrebno razaranje i raspadanje*"[3]. Uprkos svom teorijskom stavu da ekonomska baza određuje političku nadgradnju i da „...*posljednje uzroke svih društvenih promena i svih političkih prevrata ne treba tražiti u glavama ljudi..., nego u promjenama u načinu proizvodnje i raspodjele...*"[4], osnivači komunističkog pokreta su u rušenje zgrade klasnog društva krenuli s njenog krova, misleći da je nasilnim ukidanjem privatne svojine ruše iz temelja.

Pošto je privatna svojina shvaćena kao pravni, na silu oslonjeni izraz klasnih produkcionih odnosa, mislilo se da se pomoću sile ti odnosi mogu i ukinuti. Zato je trebalo najpre osvojiti političku vlast da bi se pomoću nje „...*u rukama države koncentrisali sav kapital, sva zemljoradnja, sva industrija, sav transport, sva razmjena...*"[5], pa tek potom predali na upravljanje slobodno udruženim proizvođačima.

[1] Isto, tom 7, str. 405
[2] Isto, tom 5, str. 225
[3] Isto, tom 3, str. 174
[4] Isto, tom 30, str. 173
[5] Isto, tom 7, str. 303

55

Time su postavljeni ideološki temelji totalitarnog etatizma, svejedno koliko se predviđalo i očekivalo da on bude privremen i kratkotrajan. Za sve komunističke prevrate osnovna politička orijentacija bilo je podržavljenje svih, ili bar najvećeg dela proizvodnih sredstava i njihovo stavljanje na neposredno raspolaganje ili pod kontrolu vladajuće partije i državnih organa. Implikacije takvog poimanja revolucije su, međutim, brojne i dalekosežne.

Ni kao politički čin, tako shvaćena i vođena proleterska revolucija nije značila samo napredovanje, već i nazadovanje. Totalnom nacionalizacijom trebalo je izvršiti, i vršeno je podržavljenje i onog vlasništva koje je bilo na višem stupnju socijalizacije od državne svojine, kao što je zadružna i akcionarska imovina, kojom su pored vlasnika privatnog kapitala, raspolagale i proizvođačke mase, kao sopstvenim radom stečenom svojinom.

Zbog toga, a i zbog negatorskog određenja kao nasilnog rušilačkog čina, o proleterskoj revoluciji je, i kod radnih masa koje su posedovale vlastita sredstva, stvarana i stvorena zastrašujuća predstava, čime je ona umesto popularisanja, kompromitovana. A sa kompromitacijom revolucije, kompromitovan je i revolucionarni pokret, pogotovu nakon neispunjenih obećanja da će po završetku revolucije fabrike pripasti radnicima, a zemlja seljacima.

Pošto je socijalistička revolucija definisana kao politički akt ukidanja privatnog vlasništva, ona je smatrana završenom sa izvršenom nacionalizacijom. Sa time je završavana i revolucionarna misija komunističkih pokreta, koji su preuzimanjem vlasti prerastali u vladajuće režime i prestajali delovati kao pokreti, zabranjujući organizovanje i delovanje bilo kakvih pokreta.

S obzirom da sredstva proizvodnje nisu pripala proizvođačima već državi, ni politička vlast nije mogla pripasti narodu nego državnoj

KARAKTER I OSNOVNE DIMENZIJE REVOLUCIJE

i partijskoj birokratiji, koja je u ime naroda vladala narodom A pošto su državni i partijski aparat hijerarhijski organizovani, umesto demokratskog, uspostavljan je tipično autokratski sistem vladavine, sa praktično neograničenom vlašću partijskog i državnog vođe.

Ako se od plave buržoazije nije očekivalo da se dobrovoljno odrekne vlasti i vlasništva, to se još manje moglo očekivati od takozvane crvene buržoazije, koja je u svom posedu skoncentrisala još veću vlast i vlasništvo, Umesto odricanja i samoodricanja, birokratija je gušila i ugušivala svaki pokušaj da joj se neprikosnoveni monopol vlasti i vlasništva oduzme ili okrnji.

Jednodimenzionalna (politička) proleterska revolucija je na taj način izrastala u etatističku revoluciju ili socijalističku kontrarevoluciju, kojom je umesto socijalizma, uspostavljan državni kapitalizam sa maksimalnom centralizacijom vlasti i kapitala u vrhu državnog aparata. I to je političkim sredstvima bilo utoliko lakše učiniti što su komunistički, u suštini etatistički prevrati vršeni u polufeudalnim agrarnim zemljama sa još neprevaziđenim autokratskim sistemima vladavine.

Ukidanjem individualnog svojinskog subjektiviteta i vlasničke odgovornosti, podržavljenjem privatnog vlasništva je državnoj birokratiji, i pre svega državnom poglavaru, davana neograničena mogućnost u neodgovornom raspolaganju državnom imovinom. Državni poglavar je faktički stavljan iznad zakona i zakonske odgovornosti jer je on postajao vrhovni zakonodavac koji je državne zakone krojio po sopstvenoj volji i prema sopstvenim interesima, pre svega interesu da neograničeno vlada.

Neograničeno raspolaganje državnom imovinom omogućavalo je i neograničenu voluntarističku vladavinu. Apsolutizovanjem političkih dimenzija revolucije stvoreno je ideološko polazište za dominaciju politike nad ekonomijom i političkog voluntarizma nad ekonomskom logikom, koja je predstavljala osnovu birokratske vladavine i

57

državnog totalitarizma. Uprkos tome, i upravo radi toga, stvarano je masovno parateističko ubeđenje o nepogrešivosti vrhovnog vođe, vladajuće partije i države, čijim je političkim merama navodno sve moguće postići. Zabluda da se silom može rušiti staro, nadograđivana je zabludom da se pomoću sile može i graditi novo.

Praksa je, međutim, sve to demantovala. Privredne reforme i političke reorganizacije koje su vršene, uglavnom su promašivale ili su bile kratkog daha jer nisu izlazile iz okvira monopola etatističke vladavine. Kola totalitarnog etatizma ubrzano su jurila nizbrdicom dok se nisu sjurila u provaliju bez povratka, a komunistički pokret je bez povratka izgubio gotovo svaki kredibilitet. Izopačavanjem u potmuli antikomimizam, komunizam je, radeći sve protiv stvarnog komunizma, sam sebe pobedio.

Zabluda o presudnoj ulozi sile u ostvarivanju ciljeva proleterske revolucile je, pod uticajem izmenjenih istorijskih okolnosti, relativno kasno uočena kada je u komunističkom pokretu već uhvatila duboke korene. Tek pred kraj života Engels je priznao da je gledište koje su on i Marks zastupali „...bilo iluzija...“ da je „...istorija otišla dalje...“ i „...razorila ne samo...“ njihovu „...zabludu, nego totalno izmenila i uslove pod kojima se proletarijat mora boriti...“, tako da je „...način borbe iz 1848. u svakom pogledu zastareo...“[1]. Bilo je, međutim, isuviše kasno da se fatalna ideološka greška ispravi.

Jednodimenzionalna crvena buržoazija, koja gleda jedino sopstveni interes, prihvatila je koncepciju jednodimenzionalne proleterske revolucije kao svoju rođenu ideologiju. Uprkos samokritici njenih tvoraca, koncepcija nasilne revolucije ponovo je oživljena u lenjinizmu i staljinizmu, prvo, zato što je odgovarala uslovima oktobarske revolucije, a drugo, jer je bila po meri sovjetske birokratije. Definišući

---

[1] Isto, tom 33, str. 433

proletersku revoluciju kao „...*nasilno rušenje zastarele političke nadgradnje*...“[1], Lenjin je tvrdio da je „...*smena buržoaske države proleterskom nemoguća bez nasilne revolucije*...“[2], dok je Staljin „...*nasilnu revoluciju proletarijata*...“ proglasio „...*neizbežnim i obaveznim uslovom kretanja ka socijalizmu u svim, bez izuzetka, imperijalističkim državama*“[3].

Revidirajući i samog Lenjina, Staljin je stvar doveo do apsurda koji je samo birokratiji odgovarao. Da bi opravdao svoje nasilje, on je tezu o zaoštravanju klasne borbe u kapitalizmu, proširio i na socijalizam, izvodeći iz nje apsurdni zaključak o odumiranju socijalističke države kroz njeno jačanje, sasvim suprotno Lenjinovoj koncepciji (izloženoj u „Državi i revoluciji“) o društvenom samoupravljanju, koje se pod Staljinovim samovlašćem nije smelo ni spominjati.

Svi pokušaji propagiranja i uvođenja radničkog i društvenog samoupravljanja su u „socijalističkom lageru“ i posle Staljinove smrti osuđivani i strogo kažnjavani, a destaljinizacija je, bar oficijelno, svođena uglavnom na ublažavanje staljinizma. O stvarnom samoupravljanju nije se ni moglo govoriti sve dok je na snazi bila staljinistička teza o državnoj svojini kao najvišem obliku društvene svojine, a kad je ona odbačena, radije je prihvaćen povratak na privatnu svojinu i višestranačku parlamentarnu demokratiju, nego stvarno podruštvljavanje državne svojine i socijalističko samoupravljanje.

Kao ideološka alternativa staljinizmu, samoupravljanje je i u Jugoslaviji svedeno na bednu karikaturu i kvazidemokratsku kamuflažu birokratsko-etatističke vladavine bez društvene odgovornosti. Iza formalno-pravnog prevođenja državne u društvenu svojinu bez definisanog

---

[1] Sočinenija, Gospolitizdat, Moskva, izd. IV, tom 9, str. 107
[2] Država i revolucija, „Kultura“, Beograd, 1947, str. 22
[3] Sočinenija, isto, tom 8, str. 309

svojinskog subjektiviteta, skrivano je zadržavanje stvarnog monopola otuđene države kao tobožnjeg nezamenjivog zaštitnika radničke klase i obezvlašćenog naroda. U birokratskoj koncepciji dvojnog etatističko-samoupravnog sistema samoupravljanje je zauzimalo marginalnu poziciju pod apsolutnom dominacijom državne vlasti, koja je faktički u svemu imala prvu i poslednju reč.

Takvo, praktično još nepostojeće samoupravljanje, ali ne i država, ozloglašeno je kao glavni uzročnik svih društvenih nevolja da bi se iskoristilo kao izgovor za odbacivanje i same ideje samoupravljanja radi restauracije preživelog višestranačkog parlamentarizma, koji je birokratskoj vlasteli poslužio kao politički instrumenat za rasparčavanje i prisvajanje društvene imovine. Nastavljeno je da se po već ustaljenoj praksi i etatističkoj tradiciji, voluntaristička politika birokratije postavlja iznad ekonomije, i u rešavanju ekonomskih problema koristi u interesu same birokratije.

Pošto je do dna iscrpela sav kredit etatističke ideologije, crvenoj buržoaziji nije preostalo ništa drugo nego da se radi sopstvenog održanja, prikloni antikomunističkoj propagandi plave buržoazije. Stvorena za političko podaništvo, ona je takvu poziciju radije prihvatala i prema imperijalističkim silama nego da izgubi svaku poziciju, a imperijalne sile nisu u svom kolonijalističkom pohodu na poklekle zemlje „realsocijalizma" mogle naći bolji oslonac nego u podanički već formiranom kadru potmulog antikomunizma. Tako je u prevođenju skrivenog antikomunizma na kolosek otvorenog antikomunizma sve prolazilo bez velikih društvenih potresa i čak uz političku naklonost i podaničko dodvoravanje.

Socijalno-ekonomska revolucija

Pošto su političku revoluciju definisali kao čaroban metafizički čin, kojim se spolja deluje na socijalno-ekonomske procese, osnivači komunističkog pokreta su je potpuno odvojili od socijalno-ekonomske revolucije, o kojoj su samo sporadično govorili. Ekonomsko oslobođenje radničke klase shvaćeno je samo kao „...*veliki cilj* (podv. Ž.M.) *kome politički pokret mora da bude podređen kao sredstvo...*"[1] odvojeno od cilja, tako da politička revolucija prethodi socijalno-ekonomskoj revoluciji. U skladu s tim je „...*ekonomsko oslobođenje radničke klase preko osvajanja političke vlasti...*" postavljeno i za osnovni cilj Komunističke internacionale[2], koja je već na svom prvom zasedanju ispoljila idejno i političko nejedinstvo po tom pitanju.

Metafizički pristup socijalno-ekonomskoj revoluciji do kraja je primenjen. Ukidanjem privatne svojine trebalo je putem političke revolucije najpre do temelja srušiti klasno, pa tek onda graditi besklasno društvo. Čin građenja potpuno je odvojen od čina rušenja. Time se komunistički pokret izdvojio i suprotstavio svim drugačijim pristupima socijalno-ekonomskom oslobođenju radničke klase, pa je metafizička krilatica o rušenju starog i građenju novog društva postala i do kraja ostala njegova strategijska deviza.

Naivno ubeđenje da se klasno društvo može nasilnom političkom revolucijom do temelja srušiti, diktiralo je pogrešnu strategiju da

---

[1] Isto, tom 27, str. 10

[2] Isto, tom 28, str. 522

se sve snage samo na to usmere, pa i po cenu odricanja od svih oblika borbe za neposredno poboljšanje ekonomskog i socijalnog položaja radničke klase[1]. Radi stvaranja revolucionarnog naboja, od radnika je zahtevano „...*da se odreknu i od ono malo uživanja koja im teški život trenutno još čine podnošljivim*"[2].

Zbog tendencioznog svođenja klasnih protivrečnosti na klasne suprotnosti, da bi se zabašurile podudarnosti a preuveličale suprotnosti klasnih interesa, marksizam i u tumačenju odnosa između ekonomije i politike, odnosno ekonomskih i političkih promena, stalno zapada u kontradikcije koje ga čine teorijski klimavim i logički neodrživim. Najveća od tih kontradikcija, kojom sam sebe demantuje, je ona između ideološkog stava o ukidanju privatnog vlasništva nasilnom revolucijom, i teorijskog stava da će se „...*tek onda moći ukinuti privatno vlasništvo kad bude stvorena masa sredstava za proizvodnju koja su za to potrebna*"[3].

Kada će i kako do toga doći, nije se moglo objasniti metafizičkim poimanjem veza između proizvodnih snaga i proizvodnih odnosa, što je moguće samo dijalektičkim poimanjem, koje, međutim, isključuje svaki monistički, idealistički ili materijalistički, pristup. Zbog materijalističkog monizma, marksizam se sapliće o dijalektiku, čijim spajanjem pokušava da objasni društvena kretanja, pa i socijalnu revoluciju.

To se vidi odmah po ključnom stavu marksizma da „...*način proizvodnje materijalnog života uvjetuje proces socijalnog, političkog i duhovnog života uopće...*", te da „...*ne određuje svijest ljudi njihovo biće, već obrnuto, njihovo društveno biće određuje njihovu svijest*"[4].

---

[1] Vidi: Pismo Marksa i Engelsa Bebelu, Libkneti i ostalim, iz novembra 1875, Dela, isto, tom 41, str. 364

[2] Dela, isto, tom 10, str. 303

[3] Isto, tom 7, str. 302

[4] Isto, tom 20, str. 332

Sasvim prosto i jednostavno, čisto materijalistički i za svakog razumljivo jer kako bi ljudi i mogli misliti drugačije nego onako kako žive, na čemu je marksizam stekao veliku popularnost.

Ali to je samo jedna strana stvari. Idealisti će odmah pohitati da je negiraju tvrdeći sasvim suprotno da ne određuje biće svest, nego da svest određuje biće. I to je prihvatljivo, samo što je teže shvatljivo kako svest može određivati biće, zbog čega je idealizam manje popularan od materijalizma, mada je i religija jedan oblik idealizma, ali da bi bila masovno prihvaćena, bogovi su prvobitno predstavljani u obliku fizičkih bića da bi im tek kad se apstraktno mišljenje razvilo davan lik nekih vanzemaljskih bića.

I materijalizam i idealizam zasnivaju se na odvajanju i suprotstavljanju bića i svesti, što je moguće samo u apstraktnom mišljenju. Marksizam je tu suprotnost prihvatio kao svoje dijalektičko polazište, ali je morao napustiti materijalističko i prećutno prihvatiti idealističko stanovište čim je krenuo u avanturu za menjanje samog bića. U pomoć proletarijatu, kao „srcu emancipacije", morala je biti prizvana filozofija kao „glava emancipacije", tako da „...*kao što filosofija u proletarijatu nalazi svoje materijalno oružje, tako i proletarijat u filozofiji nalazi svoje duhovno oružje*"[1]. A pošto se revolucije ne pokreću srcem nego glavom, duhovno oružje je ipak odlučujuće, jer da bi se proletarijat pokrenuo u revoluciju trebalo mu je, po priznanju samih osnivača marksizma, najpre uliti svest o njegovom položaju i ulozi[2].

Uprkos tome, nije se odustajalo od materijalističkog stanovišta jer ako bi se prihvatio idealizam, marksizam bi kao filozofska i ideološka doktrina, morao pasti. Ne negirajući povratni uticaj svesti na biće, osnivači marksizma su do kraja ostali pri polaznom stavu da su ekonomski odnosi ipak „...*u krajnjoj liniji, odlučujući...*", i da „...*čine*

---

[1] Isto, tom 3, str. 160
[2] Vidi: isto, tom 30, str. 281

crvenu nit koja se kroz sve druge provlači i samo ih razjašnjava"[1]. Ali da bi ostali dosledni ideološkim ubeđenjima o mogućnosti čudotvorne političke revolucije, kojom bi za tili čas trebalo preokrenuti ceo svet, oni su do kraja ostali razapeti između idealizma i materijalizma, te metafizike i dijalektike.

Ako društveno biće jedhostrano određuje svest ljudi, odmah se nameće pitanje kakvo je to društveno biće bez svesti, a ako je svest sastavni deo, i čak suština ljudskog bića, po čemu se ono razlikuje od ostalih bića, onda se stvar svodi na tautologiju jer ispada da svest, u suštini, određuje svest. Rešenja nema ako se protivrečnost bića i svesti ne shvati u celini, kao suprotnost koja ne isključuje, već podrazumeva njihovu podudarnost, tako da ne određuje samo biće svest, nego da i svest određuje biće, i to ne naknadno i povratno već istovremeno i uzajamno. Određenje društvenog bića čoveka ne može se objasniti drugačije nego kao njegovo samoodređenje, ili svesno određenje u samom sebi, kojim ono u neprekidnoj borbi sa prirodom, za razliku od ostalih bića, samo određuje svoju sudbinu.

Zato samoodređenje čoveka i ljudske zajednice mora biti shvaćeno kao neprekidni proces uzajamnog određivanja i samoprevazilaženja njegovog bića i svesti, i to tako da se svest stalno buni protiv sopstvenog bića, a biće protiv sopstvene svesti. Da bi se prema svetu odnosio kritički, čovek se mora odnositi samokritički, da bi menjao prirodu, mora menjati samoga sebe, a to može samo svesnim odnošenjem i delovanjem.

Postavka o jednostranom određivanju svesti od strane bića, važi samo za masovnu društvenu svest klasnog društva, u kojem proizvođačke mase nemaju gotovo nikakvog duhovnog uticaja na društvene promene. Ali u čitavom dosadašnjem razvoju društva ni jedna jedina

---

[1] Isto, tom 46, str. 183

promena nije nastala bez svesnog poticaja i unapred smišljene i zami-šljene duhovne kreacije. To se sasvim zanemaruje u postavci da tek „...*na izvesnom stup-nju svoga razvitka...*" samo „...*materijalne* (podv. Ž.M.) *proizvodne snage društva dolaze u protivurječje s postojećim odnosima proizvod-nje...*"[1], pri čemu se ispušta iz vida da je najveća proizvodna snaga proizvođač sa svojom svesnom proizvodnom delatnošću, a da su i sa-me materijalne snage proizvod stvaralačke i proizvodne delatnosti čo-veka. Zato nisu proizvodne snage samo na izvesnom stupnju razvitka, nego su neprekidno u protivrečju s postojećim odnosima proizvodnje, a žiža tog protivrečja je sam obezvlašćeni i otuđeni proizvođač koji je u stalnom sukobu sa sopstvenim otuđenjem.

Proizvođač nije samo proizvodna snaga, nego je kao aktivni či-nilac proizvodnih odnosa, i društvena snaga, pa je i njegova proizvodna moć u zavisnosti od njegove društvene moći; što je jača njegova vlas-nička pozicija, jača je i njegova proizvodna motivacija. Osnovna je pro-tivrečnost njegove klasne pozicije, međutim, u tome što je subjekt proiz-vodnje i stvaranja, a objekt proizvodnih odnosa i prisvajanja, ali je i ona relativna jer kao subjekt proizvodnje mora biti i subjekt proizvod-nih odnosa, a kao objekt proizvodnih odnosa je i objekt proizvodnje.

Da bi uopšte mogao proizvoditi, i obezvlašćeni proizvođač, bio on rob, kmet ili proleter, mora prisvajati deo svog proizvoda koji je neophodan za reprodukciju njegove radne snage, te je utoliko subjekt proizvodnih odnosa ma kako se taj subjektivitet ostvarivao. On stoga ne može biti samo objekt, a da istovremeno nije i subjekt prisvajanja, odakle objektivno, pa i nezavisno od spoljašnjih podsticaja, proističe njegova neprekidna težnja da se, pojedinačno ili kolektivno, oslobodi te protivurečne pozicije.

---

[1] Isto, tom 20, str. 332

S druge strane, obezvlašćeni proizvođač je subjekt kao neposredni izvođač proizvodnih radova, ali je istovremeno objekt kao izvršilac tuđih radnih naloga; samo je u prvom slučaju u aktivnoj, dok je u drugom slučaju u pasivnoj poziciji. I iz tog protivrečja on neprekidno teži da se izvuče oslobađanjem od pozicije objekta, koja sputava slobodno ispoljavanje njegovih stvaralačkih i proizvodnih potencijala.

Osnovna protivrečnost celog proizvođačkog društva je da je neposredni proizvođač kao glavna i najaktivnija proizvodna snaga, u poziciji pasivnog izvršioca tuđih odluka, ali ona je i glavna pokretačka snaga njegovog razvoja. Svojinski monopol na sredstvima proizvodnje, kojim je monopolisano i upravljanje reprodukcionim tokovima društva, omogućavao je da se celokupan višak proizvoda iznad neophodnog minimuma životne egzistencije proizvođača, koncentriše u posedu relativno malobrojnih privatnih vlasnika, i većim delom usmerava u razvojne programe, kojih bez eksploatacije obezvlašćenih proizvođača ne bi bilo.

To je bio neposredni interes samo vladajućih, ali i istorijski interes eksploatisanih proizvođačkih klasa, koje se bez društvenog razvoja nikada ne bi oslobodile ni mukotrpnog proizvodnog rada ni eksploatacije. Iz suprotstavljenosti neposrednih klasnih, proisticalo je ostvarivanje dugoročnih opštedruštvenih interesa, ali to ne bi bilo moguće bez stalnog razrešavanja protivrečnosti i samih neposrednih interesa suprotstavljenih klasa.

Da bi više proizvodile, vladajuće eksploatatorske klase su zainteresovane da eksploatisane proizvođačke klase održavaju na određenom minimumu egzistencije, kao što se konj zoba i timari da bi bolje vukao. A pošto za produktivnost ljudskog rada nije od značaja samo fizička sposobnost, nego i volja, odnosno motivacija za rad, eksploatatorske klase su eksploatisanim proizvođačkim masama, i same davale određenu samostalnost radi podsticaja za veću proizvodnju, a najsnažniji podsticaj je samostalnost u raspolaganju proizvodnim sredstvima, kojima se uvek može proizvesti više od zadatog optimuma.

Zbog toga proizvodni i svojinski odnosi nisu menjani i razvijani samo u interesu eksploatisanih, već i u interesu eksploatatorskih klasa, pa ni do njihovih promena nije dolazilo samo niti prvenstveno uz nasilne lomove eksploatisanih, nego i uz dobrovoljni pristanak, pa čak i na inicijativu samih eksploatatorskih klasa. *„Ako se još u starobabilonskom carstvu ponekad rob otpuštao da sam zarađuje i zasniva svoje domaćinstvo (naravno pod kontrolom gospodara)...“*, kasnije *„...taj sistem...postaje veoma rasprostranjen. Rob koji ima vlastitu radionicu ili trgovinu obavezan je da uplaćuje gospodaru $\frac{1}{5}$ svoje vrijednosti godišnje, ne računajući i izvestan dio zarade...“*, a *„...u povoljnoj situaciji takav rob se obogaćivao, imao je čak i pravo da ima vlastite robove“*[1].

Na liniji takvih ustupaka nastajao je i feudalni poredak, pa su se, na primer, *„...antički robovi, koloni i pripadnici slobodnih seoskih zajednica „barbarskih naroda“ s vremenom oblikovali u seljački sloj...“*[2], koji je dobio znatno veću ekonomsku i društvenu samostalnost nego što su je imali robovi. Uvođenjem radne rente višak rada je odvojen od potrebnog rada, čime je kmetu prepušteno da za svoje potrebe radi kako zna i ume, i on je za sebe radio mnogo bolje nego za vlastelina, što je predstavljalo dovoljan uput za uvođenje stimulativnije **naturalne rente**, dok je još stimulativnijom **novčanom rentom** kmetu pružena mogućnost i za potpuno oslobađanje od feudalne zavisnosti.

Zabluda o klasnom antagonizmu kao potpunoj isključivosti i apsolutnoj nepomirljivosti klasnih suprotnosti, predstavljala je ideološku potporu za tendencioznu postavku o neprekidnom zaoštravanju klasnih suprotnosti sve do stvaranja krajnje društvene napetosti i naprasnog

---

[1] D.G. Reder, E.A. Čerkasova, Istorija staroga vijeka, dio I, Zavod za izdavanje udžbenika, Sarajevo, 1972, str. 235

[2] Povijest svijeta, zbornik, „Naprijed“, Zagreb, 1977, str. 351

pucanja revolucionarnog „čira", kojom je u strategiji komunističkog pokreta „bačeno sve na jednu kartu". Ali ona je imala dalekosežne ideološke implikacije po delovanje komunističkih partija i nakon osvajanja vlasti.

Stvaranjem jednostrane predstave da su klasne suprotnosti samo prepreka, i jedina prepreka slobodnom razvijanju proizvodnih odnosa, te da su stoga svojinski odnosi nepromenjivi bez nasilnih političkih revolucija, stvarana je i zabluda da se ukidanjem privatnog vlasništva i antagonističkih klasnih suprotnosti putem proleterske revolucije, sve prepreke slobodnom razvoju društva otklanjaju. Zato su komunističke partije nakon preuzimanja vlasti odmah prestale govoriti o borbi za društvene slobode i za dalje razvijanje društvenih odnosa, svodeći svoje programe „izgradnje" komunističkog društva na izgradnju njegove materijalno-tehničke baze i „kulturnu revoluciju".

Dalji razvoj proizvodnih odnosa je time praktično zaustavljen, a sa njime je, uprkos podizanju materijalno-tehničke baze, usporen i gotovo zaustavljen i rast društvene produktivnosti. Ukoliko nije prinudno diktirana automatizacijom, produktivnost je, kao na primer u poljoprivredi, i pored znatnog napretka u mehanizaciji poljoprivredne proizvodnje, stagnirala[1].

Uprkos uverenju da će „*...socijalizam potpuno i do kraja pobjediti kapitalizam samo zato i samo time što će osigurati mnogo veću količinu proizvoda po jedinici ljudske radne snage...*"[2], to se nije moglo postići samo mehanizacijom bez razvoja proizvodnih odnosa i podizanja proizvodne motivacije, a oni se nisu, niti su se samom promenom političke vlasti mogli bitno promeniti. Formula „sovjetska vlast + elektrifikacija = socijalizam", kojom se rukovodila Komunistička partija

---

[1] Vidi: Živko Marković, Koncepcije KPSS o razvitku socijalističke demokratije, „Hronometar", Beograd, 1970, str. 45

[2] Lav Trocki, Iz revolucije, „Otokar Keršovani", Rijeka, 1971, str. 447

ruskih boljševika, bila je nedovoljna za socijalno-ekonomsku revoluciju kao odlučujuću pretpostavku više proizvodne motivacije.

Pošto nacionalizacijom privatno vlasništvo nije ukinuto već samo preoblikovano, samo je preoblikovan i najamnički položaj radnika, čija je proizvodna motivacija ostala nepromenjena. Umesto stimulativne raspodele prema radu, kojom je stvaralačka i proizvodna motivacija mogla biti podignuta na neuporedivo viši nivo, uvedena je u obliku platnog sistema, destimulativna državna najamnina, bez ikakve veze sa individualnim i kolektivnim rezultatima rada i poslovanja.

Računajući da će proleterska revolucija biti odjednom izvršena u celom svetu i da će se ukidanjem privatne svojine ukinuti i robna razmena, te da će slobodno udruženi radnici, samim tim što će sami raspolagati sredstvima zajedničkog rada, biti maksimalno zainteresovani da što više proizvedu, osnivači revolucionarnog komunizma nisu prvobitno ni predvidjeli raspodelu prema radu, već su se, odbacujući ekonomske principe sensimonista o raspodeli prema radu i talentu, zalagali za uravnilovku[1].

Marks je tek pred kraj života, u „Kritici Gotskog programa" definisao socijalistički princip raspodele prema kvantumu uloženog rada[2], ali da bi se opravdala etatistička uravnilovka, kvantum uloženog rada je u svim vladajućim komunističkim režimima tumačen kao kvantum individualnog radnog vremena provedenog na poslu, odnosno radnom mestu, iako je Marks bio izričit da „...tu vlada isti princip kao pri razmeni robnih ekvivalenata: jednaka količina rada* (merena društveno potrebnim, a ne individualnim radnim vremenom - Ž.M.) u jednom obliku razmenjuje se za jednaku količinu rada u drugom obliku"[3].

---

[1] Vidi: isto, tom 30, str. 182

[2] Vidi: isto, tom 30, str. 17

[3] Isto

Ali, i da se htelo, raspodela prema radu nije se mogla sprovoditi na osnovama etatiziranog privatnog vlasništva, koje je isključivanjem robne razmene isključivalo i raspodelu prema kvantumu uloženog rada. Takvu raspodelu mogu između sebe vršiti jedino konkretni nosioci svojinskog subjektiviteta (pojedinci i njihove asocijacije), a država je kao otuđeni arbitar, u stanju da vrši samo troškovnu preraspodelu prema utrošenim sredstvima i radnom vremenu, što državno vlasništvo zapravo i čini krajnje destimulativnim i razvojno neperspektivnim.

To što je ubrzalo razvoj, pa i sam nastanak industrijskog društva, bila je opšta individualizacija privatnog vlasništva i univerzalizacija robne razmene kao razmene ekvivalenata (jednakih količina opredmećenog rada), u čemu je zapravo i socijalno-ekonomska suština buržoaske revolucije. Socijalističkom revolucijom treba samo da se taj posao dovede do kraja: da se razmena robnih ekvivalenata koja se na stihijnom tržištu vrši u proseku, dovede do organizovane razmene ekvivalenata u svakom pojedinom slučaju. Jedino u tom slučalu može se pokrenuti sva potencijalna energija robnog proizvođača i produktivnost njegovog rada podići do najvišeg mogućeg nivoa.

Taj posao započet je praktično vezivanjem zarade najamnog radnika za radni učinak, čime je u suštini započeto i prevazilaženje njegovog najamnog položaja. Tejlorizam su zbog toga baš komunisti najviše napadali, odbacujući zajedno sa funkcijom maksimalnog iscrpljivanja radnika, i sam princip ekvivalentnosti na kojem je raspodelu zarada delimično zasnivao. Iscrpljivanje se, međutim, nije zasnivalo na doslednoj primeni, već proizvoljnim maksimiziranjem radnih normi, na izvrtanju i zloupotrebi principa ekvivalentnosti, što je izazivanjem nezadovoljstva radnika išlo naruku i komunistlčkoj strategiji uvećavanja revolucionarnog naboja.

Tek je Lenjin isticao revolucionarnu stranu tejlorizma, ukazujući na mogućnost njegove primene u sovjetskoj praksi, ali je sistem radnih normi u zemljama etatističkog totalitarizma više korišćen kao sredstvo moralno-političkog, nego, ekonomskog podsticanja, i nigde nije dosledno primenjivan niti je davao ekonomske efekte kao u zemljama tržišne privrede. Radna norma je praktično pretvorena u ideološko merilo političke svesti, pa je njeno prebacivanje isticano kao dokaz patriotizma i partijnosti, a podbacivanje žigosano kao politička sabotaža.

Umesto da je prihvatan i doživljavan kao lična potreba, rad je morao biti tretiran i nametan kao društvena - moralna i politička obaveza, jer se nije ni radilo za sebe nego za državu i partiju. Zato je izvršavanje društvenih planova i radnih zadataka podsticano više političkim nego ekonomskim merama - organizovanjem takmičenja za zvanje subotnika i udarnika, dodeljivanjem viših zvanja i prevođenjem u više platne razrede, političkim unapređivanjem, postavljanjem na više funkcije i položaje, i slično.

Proizvoljnom i nedovoljno definisanom izjavom da već u socijalizimu neće biti robne razmene, Marks je komunističkom pokretu učinio medveđu uslugu[1], a birokratiji dao za pravo da uvede administrativnu raspodelu nacionalnog proizvoda, kojom je gušila samu dušu socijalističke ekonomije. Pokretačka moć ekonomskih zakona zamenjivana je magijskom moći birokratskih proviđenja: zakon vrednosti kategoričkim zapovestima partijsko-državnih vrhovnika na kojima su zasnivani svi društveni zakoni; tržišna konkurencija političkim nadmetanjem; a ekonomska prinuda političkom prinudom.

Širenje tržišne konkurencije, kao dubinske manifestacije zakona vrednosti, na celokupnu društvenu reprodukciju, predstavljalo je najveću spcijalno-ekonomsku revoluciju, kojom je započelo dubinsko potkopavanje klasnog društva. Zakon vrednosti, i sama ogoljena vrednost u obliku novčanog kapitala kao opštedruštvene vrednosti, postavili su

---

[1] Vidi: isto, tom 30, str. 16-17

se time iznad svih društvenih klasa, koje su sve više lišavane društvene moći što je društvena moć samog kapitala više jačala. I same vladajuće klase počele su da gube moć koju su nad svojim vlasništvom i proizvodnim snagama društva imale u uslovima naturalne proizvodnje.

U odnosu na vladajuće klase naturalnog društva, buržoazija je objektivno gubila moć vladanja, i proizvođačkom klasom i proizvodnim sredstvima. Tržišnom konkurencijom stvarana, ona je tržišnom konkurencijom i razarana, sa tendencijom da sve većom centralizacijom njenog sopstvenog kapitala bude i potpuno uništena. Što su solidarniji u zajedničkoj borbi protiv proletarijata, vlasnici kapitala su nesolidarniji, i jedan prema drugom krvoločniji u međusobnoj borbi za zgrtanjem profita.

Ali konkurencija slično deluje i na proletarijat, stvarajući ga i razarajući ga, ujedinjujući ga i razjedinjujući ga. Prisiljavajući na sve veću mehanizaciju i automatizaciju proizvodnje, ona utiče na smanjivanje broja najamnih radnika, koji se izlažu sve žešćoj međusobnoj konkurenciji. I što su solidarniji u zjedničkoj borbi protiv poslodavaca, oni su nesolidarniji i beskrupulozniji u međusobnoj borbi za radno mesto.

Konkurencija je vlasnike kapitala naterala da se od isterivanja apsolutnog viška vrednosti putem maksimalne celodnevne eksploatacije, okrenu uvećavanju relativnog viška vrednosti podizanjem produktivnosti, što je rezultiralo i skraćivanjem radnog vremena proizvodnih radnika na račun maksimalizacije radnog vremena proizvodne mehanizacije. Time je zapravo započeta istinska socijalistička revolucija kao istorijski proces istovremenog oslobađanja proizvodnog radnika, i od eksploatacije i od proizvodnog rada, koji je po svojoj prirodi podložan otuđivanju i eksploataciji.

Samim smanjivanjem proizvodnog rada i eksploatacije započelo je i stvarno ukidanje privatnog vlasništva, koje na eksploataciji proizvodnog rada i počiva. Dok je buržoaska revolucija s univerzalizacijom privatnog vlasništva započela i s univerzalizacijom prozvodnog rada, bez kojeg se kapitalističko vlasništvo ne bi moglo reprodukovati, što je u opreci sa proklamovanim principom da svako živi od svog rada, socijalistička revolucija doslednom primenom raspodele prema ra-du ukida tu oprečnost, ukidajući i sam proizvodni rad, koji će se otuđivati i prisvajatl sve dok bude postojao.

Prihvatajaći rad kao opšti uslov ljudske egzistencije i društveno merilo vrednosti, buržoaska revolucija je morala prihvatiti i raspodelu prema radu, što je buržoaska politička ekonomija pokušavala i da dokaže tezom o najamnini kao ekvivalentnoj naknadi za uloženi rad. Raspodela prema radu je, međutim, u protivrečju s proizvodnim radom podložnim otuđivanju, ali upravo zbog toga ona i vodi njegovom prevazilaženju i konačnom ukidanju.

Raspodela prema radu je, naime, glavna motivaciona snaga proizvodnog rada, i stoga ključni činilac njegove produktivnosti, čije povećanje vodi sve većem, i na kraju potpunom oslobađanju čoveka od takvog rada, što je i osnovni uslov ne samo materijalnog blagostanja, nego i opšteg društvenog oslobođenja ljudske individue. Čovečanstvo je ubrzano krenulo u tom pravcu upravo od trenutka kad su otkrivene mogućnosti ubrzanog rasta društvene produktivnosti.

Stoga ni uvećavanje kapitala, kao materijalne osnove ubrzanog rasta produktivnosti i društvenog razvoja, nije bilo moguće bez raspodele prema kvantumu uloženog rada. Sam profit morao se preko cene proizvodnje, u principu, deliti prema veličini angažovanog kapitala, pa je i radi njegovog stvaranja morao biti primenjivan princip srazmerne raspodele najamnina prema količini uloženog rada. Već se na samom početku pokazivalo da reprodukcija kapitala ne ide bez proizvodne motivacije najamnog radnika, zbog čega se pristupilo isplati najamnina po komadu, akordu i radnoj normi, a najzad i prema poslovnom uspehu preduzeća.

73

Ali pošto kapitala nema bez prisvajanja tuđeg rada, raspodela prema radu je morala biti okrnjena za veličinu profita i svedena na raspodelu potrebnog rada, što je Marks teorijom viška vrednosti i kritikom političke ekonomije, koja je to prikrivala, nepobitno dokazao. Tako je količina novostvorene vrednosti koja je u globalu, a sve više i u sve većoj meri i na pojedince, deljena prema uloženom radu iznosila: $Na = D - Pf$ (najamnina = dohodak − profit).

Pošto je podržavljenjem privatnog vlasništva i odbacivanjem robne razmene, ukinula individualni svojinski subjektivitet i nad sredstvima proizvodnje i nad radnom snagom, crvena buržoazija nije ni mogla sprovesti raspodelu prema radu. Troškovni princip je predstavljao jedini izbor, a gde je još zadržano individualno vlasništvo, primenjivani su feudalni metodi raspodele: radna renta u obliku besplatnog rada za državu (radne akcije, radne brigade i sl.), naturalna renta kroz prinudno oduzimanje viškova proizvoda, i novčana renta kroz poresko zahvatanje celokupnog viška vrednosti.

Iako je, kao ideološka varka, oficijelno proklamovana i sasvim nakaradno tumačena, raspodela prema radu je praktično iz osnova odbačena i u svim državnim preduzećima i ustanovama zamenjena raspodelom prema troškovima života i poslovanja, čime su državni najamnici prevedeni u status izdržavanih lica, a privredni subjekti u privredne objekte rukovođene i finansirane od strane države. Time su svi motivisani za što veću potrošnju, a ne za što veću proizvodnju, koja je stoga morala biti obezbeđivana prinudnim radom.

Za to vreme plava buržoazija je po sili samih ekonomskih zakona i pod prinudom tržišne konkurencije, milom ili silom sprovodila socijalno-ekonomsku revoluciju, srljajući pravo u pravi, a ne u lažni komunizam. Tržišna konkurencija, koju su komunisti toliko napadali, učinila je za komunizam više nego ceo komunistički pokret sa svojom pogrešnom strategijom, koja je porodila crvene antikomuniste, mnogo opasnije od plavih antikomunista.

Konkurencija je plavu buržoaziju terala da stalno revolucioniše proizvodnju, a da bi revolucionisala proizvodnju, morala je revolucionisati i proizvodne odnose. Da bi se održali, vlasnici kapitala su i u konkurenciji i u borbi protiv konkurencije morali menjati i međusobne odnose i odnose sa radničkom klasom, a po diktatu konkurencije morala je, bez obzira na ideološka opredeljenja, postupati i radnička klasa.

Zbog međusobne konkurencije koja im je pretila uništenjem, vlasnici kapitala su bili primorani da se udružuju u akcionarska društva, zasnovana na čisto ekonomskom, i u suštini tipično zadružnom principu da u raspodeli ostvarene dobiti svako učestvuje prema veličini uloženog kapitala, čime se princip ekvivalentne robne razmene, nasuprot tržišnoj stihiji koja mu protivreči i gde se ostvaruje samo u proseku, dovodi do njegovog suštinskog ostvarenja u svakom pojedinačnom slučaju.

Time je praktično započeto prevazilaženje suprotnosti između kolektivne industrijske proizvodnje i individualnog kapitalističkog prisvajanja, kao prelaz sa kapitalističkog na socijalistički način proizvodnje. I sam Marks je tvrdio da „...*u suštini akcije već postoji suprotnost protiv starog oblika, u kome se društveno sredstvo za proizvodnju ispoljava kao individualna svojina...*", te da stoga „...*kapitalistička akcionarska preduzeća treba smatrati isto kao kooperativne fabrike kao prelazne oblike iz kapitalističkog načina proizvodnje u udruženi, samo što je u jednima suprotnost ukinuta negativno, a u drugima pozitivno*"[1].

Sa kolektivizacijom vlasništva vršena je i kolektivizacija upravljanja industrijskom proizvodnjom. Umesto inokosnih vlasnika, akcionarskim preduzećima upravljaju skupštine akcionara, koje donose najznačajnije odluke o radu i poslovanju preduzeća, a individualno učešće

---

[1] Dela, isto, tom 23, str. 373

Živko Marković   VELIKA (SAMO)OBMANA

u odlučivanju srazmerno je veličini udruženog kapitala i participaciji u zajedničkom riziku. Time su međusobna sukobljavanja i uništavanja zamenjena poslovnom saradnjom i zajedničkom brigom o reprodukciji udruženog kapitala.

Da je udruživanje postalo imperativ razvoja industrijske proizvodnje, pokazuje sam tempo kojim je se akcionarstvo razvijalo. Još „...*krajem XIX i početkom XX veka akcionarski oblik svojine postao je preovlađujući u većini grana krupne industrije. Već 1929. godine u SAD 48,3% svih preduzeća imala su akcionarski oblik i ona su zapošljavala 89,9% radne snage, i davala 92,1% celokupne proizvodnje prerađivačke industrije*"[1].

Tek je s akcionarstvom otpočeo proces opšte individualizacije vlasništva, ne samo nad radnom snagom, već i nad samim kapitalom kao osnovnim sredstvom proizvodnje i ukupne društvene reprodukcije. „*Od 144 kompanije, za koje je bilo moguće dobiti informacije od ukupno 200 velikih kompanija (1930. god.) samo 20 je imalo ispod 5000 akcionara, dok je 71 imala između 20000 i 500000 akcionara*"[2]. Broj akcionara se ubrzanim tempom povećava, pa danas velike korporacije broje na milione sitnih akcionara, čime se potvrđuje genijalno predskazanje Čarlsa Furije-a da „...*nema potpunog jemstva za krupno vlasništvo sve dotle dok narod ne postane sitan vlasnik s kuponima radničkih dionica*"[3].

Stalno se povećava broj akcionara iz redova zaposlenih, pa i neposrednih proizvođača, što ne bi bilo moguće da oni sve više, posredno ili neposredno, ne učestvuju i u raspodeli profita, koji, radi podizanja produktivnosti, mora sve većim delom da se ulaže ne samo u razvoj

[1] Dr Stojan Jankov, Savremeni privredni sistemi, „Savremena administracija", Beograd. 1972, str. 21

[2] Erih From, Zdravo društvo, „Rad", Beograd, 1983, str. 118

[3] Civilizacija i novi socijetarni svijet, „Školska knjiga", Zagreb, 1980, str. 166

KARAKTER I OSNOVNE DIMENZIJE REVOLUCIJE

proizvodnih tehnologija, već i u obrazovanje, životni standard i podsticanje proizvođača. Neposredno participiranje u profitu ostvaruje se kroz stimulativna lična primanja, a posredno preko opštedruštvenih potreba, za koje je još šezdesetih godina XX veka od preduzeća razvijenih industrijskih zemalja fiskalnim putem zahvatana polovina profita[1].

Pored državnog staranja, razvija se i sistem samoupravne socijalne sigurnosti putem samostalnih fondova kojim upravljaju sami ulagači i korisnici sredstava.

Sa participiranjem u profitu išlo je i participiranje zaposlenih u upravljanju, koje je razvijano naročito putem kolektivnog pregovaranja sa poslodavcima i saodlučivanja preko predstavničkih organa radničke participacije (saveta, veća, odbora, komisija i sl.). Ako je, kao rezultat organizovane borbe radnika, u početku i nailazilo na otpore poslodavaca, ono je sa razvojem industrijske proizvodnje sve više obostrano podsticano jer je postajalo sve značajniji činilac njene tehnološke modernizacije, zbog čega i „...sami transnacionalni poslodavci stvaraju modele učešća radnika u upravljanju"[2].

To je i sve neophodnije jer se visokotehnološkim proizvodnim procesima sve teže može spolja upravljati, zbog čega funkciju upravljanja od nominalnih vlasnika preduzeća preuzimaju zaposleni, koji i samim tim postaju stvarnim suvlasnicima pošto je upravljanje funkcija samog vlasništva. „Ljudi koji danas upravljaju krupnim korporacijama nisu ujedno vlasnici značajnog dijela njihovih akcija...", i „...među dvije stotine najkrupnijih korporacija u SAD-a...malo je takvih u kojima vlasnici imaju bilo kakav značajniji utjecaj kad se radi o donošenju odluka, a i taj utjecaj, tamo gdje još postoji, slabi iz godine u godinu"[3].

---

[1] Vidi: Vladislav Milenković, cit. rad. str. 74

[2] Brana Marković, Transnacionalne korporacije, radnička klasa i strategija sindikata, Institut za međunarodnu politiku i privredu, Beograd, 1981, str. 78

[3] John Kenneth Galbraith, Nova industrijska država, „Stvarnost", Zagreb, 1970, str.15 i 92

Spajanje rada i upravljanja, kao izraz ukidanja svojinskog monopola, počelo je, međutim, kroz zadrugarstvo još u vreme nastajanja akcionarstva. Istovremeno s akcionarskim udruživanjem kapitala, konkurencija je i slobodne proizvođače (seljake, zanatlije), sitne prometnike i potrošače naterala da se udružuju u proizvođačke, potrošačke, štedno-kreditne i druge zadružne organizacije, da bi se spasili propadanja od bezobzirne eksploatacije i međusobnog uništavanja.

Od sredine XIX veka, kada su osnovane prve zadruge, zadrugarstvo je izraslo u najmasovniji i najkompaktniji svetski pokret sa oko 750 miliona zadrugara i 100 miliona zaposlenih u zadrugama, čije usluge koristi oko 3 milijarde ljudi, ili polovina čovečanstva. Poljoprivredne zadruge daju u SAD, Kanadi, Evropi, Japanu, Indiji, Brazilu, Argentini i Africi preko 50% potrošnih dobara[1].

Zadrugarstvom se već do kraja prevazilazi suprotnost između kolektivnog rada i individualnog vlasništva, ostvaruje jedinstvo individualnog i kolektivnog svojinskog subjektiviteta, i potpuno spajaju rad i upravljanje. Na tome se zasniva najveća moguća motivacija za rad i poslovanje zadružnih organizacija, što je i njihova najveća prednost u odnosu na akcionarska društva, od čije konkurencije ne moraju strahovati.

Akcionarstvo i zadrugarstvo su sledili tendenciju mondijalističke ekspanzije kapitala, koja se na njihovim principima jedino i mogla uspešno ostvarivati. Transnacionalne korporacije mogle su nasatati i opstajati samo kao akcionarska društva, a Međunarodni zadružni savez, u koji su udružene zadružne organizacije iz preko 130 zemalja, jedino na zadružnim principima može uspešno funkcionisati.

Demokratski principi na kojima se zasnivaju interni odnosi zadružnih i akcionarskih organizacija, nužno vladaju i u njihovim međusobnim odnosima, čijim se razvijanjem stvara osnova za demokratizaciju

---

[1] Vidi: XXXI CA Congress, Manchester, 1995, Agenda & Reports, Manchester, 20-23 september 1995, str. 21 i 22

ukupnih društvenih odnosa, jer ukoliko se demokratizuju svojinski i društveno-ekonomski, moraju se demokratizovati i društveno-politički odnosi. Razvoj zadrugarstva i akcionarstva bitno je doprineo demokratizaciji odnosa u i nacionalnim zajednicama i u međunarodnoj zajednici.

Pod uticajem demokratizacije svojinskih odnosa u privrednim organizacijama, vršena je razvijanjem lokalne samouprave, narodne inicijative i neposrednog odlučivanja građana, demokratizacija odnosa i u društveno-političkim zajednicama. *„U 49 država postoji obavezni ustavni referendum za promene ustava...“*, a pravo narodne inicijative za promenu ustava (zahtev 8-15% biračkog tela) uvedeno je u 12 država. Slično pravo postoji i u zakonodavstvu pošto *„...u 19 država 3-15% birača može da traži donošenje novog zakona...“*, a *„...u 12 država postoji tzv. protestni referendum ili je otvorena mogućnost da zakoni budu izneti na referendum po zahtevu 5-10% birača“*[1]. U lokalnim zajednicama građanima se prepušta da sami odlučuju o zadovoljavanju zajedničkih potreba u mestu stanovanja.

Socijalno-ekonomska revolucija nije, prema tome, čekala na prevratničku političku revoluciju, do koje nije ni došlo u razvijenim industrijskim zemljama, gde se najpre očekivala, nego u pretežno agrarnim sredinama gde je niko nije očekivao. Ali pošto je odbačeno celokupno nasleđe prošlosti i zatečenosti u kapitalističkim zemljama, socijalno-ekonomska revolucija nije nastavljena niti započeta ni po završetku političkih prevrata gde su se vlasti dokopale komunističke partije. Za to je ideološki alibi nalažen i u određenim stavovima osnivača komunističkog pokreta.

Protiveći se svemu što bi moglo umanjiti nasilnički revolucionarni bunt masa, osnivači revolucionarnog komunističkog pokreta su se protivili i razvijanju zadrugarstva iako su smatrali da će socijalistička

---

[1] Vučina Vasović, Savremeni politički sistemi, „Naučna knjiga", Beograd, 1987, str. 119 i 142

proizvodnja upravo na zadružnim principima počivati. Lasalovom zahtevu za stvaranje kooperativnih proizvodnih zadruga pomoću državnih kredita, oni su se suprotstavili pod izgovorom da je „...*lasalovski socijalizam bio veoma skroman...*"[1], iako je privukao veliku masu radnika koji bi se mogli pridobiti i za političku revoluciju.

Tek kad su se uverili u iluzornost svojih očekivanja, osnivači komunistickog pokreta su prihvatili i ekonomske oblike borbe, podržavajući posebno zadružni pokret. Nakon poraza Pariske komune Marks je pisao da „...*ako zadružna proizvodnja treba da potisne kapitalistički sistem, ako zadružne zadruge treba da regulišu nacionalnu proizvodnju po jednom opštem planu, uzimajući je time pod svoje rukovodstvo i čineći kraj stalnoj anarhiji i periodičnim konvulzijama, šta bi to bilo drugo nego komunizam, „mogući" komunizam?*"[2]. I Engels je donekle odstupio od ranije isključivosti o opštem nasilnom podržavljenju proizvodnih sredstava, obećavajući da će komunisti kada „...*budu u posedu vlasti...privatno gazdinstvo i privatni posed...*" sitnog seljaka „...*prevesti u zadružni, ali ne silom, nego primerom i pružanjem društvene pomoći za tu svrhu...*"[3], s tim da „...*društvo, to jest za prvu ruku država zadrži vlasništvo nad sredstvima za proizvodnju i tako onemogući da se posebni interesi zadruge suprotstave društvu u celini*"[4].

Ali to je bilo dovoljno ideološko pokriće za podržavljenje i samog zadrugarstva nakon osvajanja vlasti od strane komunističkih partija. Pošto su odlučno odbacili i akcionarstvo i izvorno zadrugarstvo, koji su u industrijski razvijenim zemljama već bili u zamahu, vladajući komunistički režimi su izvršili opštu etatizaciju, podržavljujući i samo zadrugarstevo. Umesto autentičnih zadruga, u SSSR-u su obrazovani

---

[1] Dela, isto, tom 33, str. 21

[2] Isto, tom 28, str. 274

[3] Isto, tom 33, str. 421

[4] Isto, tom 43, str. 384

kolhozi, koji su predstavljali uzor i za kolektivizaciju sela u Kini i drugim samoproklamovanim socijalističkim zemljama. U Jugoslaviji su seljačke radne zadruge formirane po ugledu na kolhoze, brzo raspuštene i zamenjene zemljoradničkim zadrugama, koje su, međutim, pod državnim tutorstvom utopljene u prividno slobodno udruženi rad, pa je njiov broj od 1953-1973. godine smanjen sa 3223 na 441[1].

Udruživanje rada u Jugoslaviji bilo je prividno slobodno jer radnici nisu ni mogli udruživati sredstva rada kojima je pod firmom društvenog vlasništva raspolagala država, a kad nisu udruživali opredmećeni, nisu mogli slobodno udruživati ni živi rad, prema kojem se nije mogla vršiti ni raspodela novostvorene vrednosti, već je zadržan sistem troškovne preraspodele u obliku zagarantovane startne osnovice, određivane prema školskoj spremi, radnom mestu i funkciji. Uspeli pokušaji da se doslednom primenom principa zajedničkog ostvarivanja dohotka (zajedničkog prihoda i zajedničkog dohotka) i raspodele po osnovu doprinosa živim i minulim radom praktično izvrši individualizacija svojinskog subjektiviteta u raspolaganju društvenim sredstvima, nailazili su na otpore i bojkot upravo onih rukovodećih snaga koje su oficijelno bile najpozvanije da te principe praktično sprovode.

Iskustvo svih nazovisocijalističkih zemalja pokazalo je da bez socijalno-ekonomske, nema ni političke revolucije, te da se politička vlast bez ekonomske vlasti svodi na puku formalnost. Vladajući komunistički režimi su odbacili i zatečene oblike neposredne demokratije, izvrćući „revolucionarnu diktaturu proletarijata" u kontrarevolucionarnu diktaturu vladajuće partije i države, a diktaturu partije i države u diktaturu partijsko-državnih vođa, nad samim proletarijatom. Za sve vreme te diktature nigde nije bilo plebiscitarnog izjašnjavanja naroda ni o jednom društvenom pitanju, pa i u Jugoslaviji, gde je licemerno proklamovan sistem integralnog društvenog samoupravljanja, referendum je

---

[1] Vidi: Vek i po zadrugarstva, Zadružni savez Jugoslavije, Beograd, 1995, str. 26

bio dozvoljen samo u osnovnim organizacijama udruženog rada i mesnim zajednicama.

Antikomunistička propaganda je to obilato koristila, nazivajući „realsocijalizmom" sve što je u suštini antisocijalističko, ali čime su se i sami komunisti dičili kao socijalističkim dostignućima. A kad je „realsocijalizam" i sam sebe osudio na propast, nisu mu preporučivane socijalističke tekovine kapitalizma, nego povratak na liberalni kapitalizam sa tržišnom stihijom i višestranačkim zađevicama, da bi se otklonila svaka moguća konkurencija i stvorio novi poligon za kolonijalno izrabljivanje. I crvena buržoazija je to, zajedno sa svojom prekomandom makar i u podaničke redove plave buržoazije, radije prihvatila nego nekakav istinski socijalizam u kojem bi ostala i bez vlasti i bez kapitala.

Naučno-tehnološka revolucija

Osnivači komunističkog pokreta su znali da „...*buržoazija ne može da postoji a da neprekidno ne revolucioniše oruđa za proizvodnju, dakle odnose proizvodnje, pa prema tome, i celokupne društvene odnose*..."[1], ali su bili ubeđeni da se ona neće dobrovoljno odreći vlasti, zbog čega su primat dali nasilnoj političkoj, a ne mirnoj tehnološkoj revoluciji, čiju ulogu nisu ni razmatrali. Ali ako buržoazija neprekidno revolucioniše celokupne društvene odnose, čemu onda prolivanje krvi?

Ako se radilo o tome da se ubrza ukidanje privatnog vlasništva i same buržoazije, onda se nameće pitanje da li se to moglo pre postići udarima s krova, iz temelja, ili sa svih strana istovremeno? Prema postavci da društveno biće određuje društvenu svest, kapitalistička tvrđava se pre mogla srušiti iz temelja nego s krova, pre tehnološkom nego političkom revolucijom, što potvrđuje i celokupno istorijsko iskustvo. Veliki (pa i mali) istorijski skokovi nisu pravljeni ratovima već tehnološkim inovacijama.

Ali šta su tehnološke inovacije kojima se revolucionišu proizvodne snage, pa i sama oruđa rada? Ništa drugo do naučno-tehnološki izumi, koji spadaju u sferu duhovne svesti, što sasvim protivreči materijalističkoj postavci da društveno biće određuje društvenu svest. Na prvi pogled izgleda da je tačno sasvim suprotno jer se na temelju

---

[1] Dela, isto, tom 7, str. 383

83

vekovnih naučnih saznanja prvo rađa tehnološki izum koji se tek potom praktičnom primenom pretvara u tehnološku inovaciju kao materijalnu snagu proizvodnje i ukupne društvene reprodukcije. To je, međutim, samo jedna strana stvari. Ni jedan tehnološki izum ne bi se mogao realizovati bez odgovarajućih materijalnih sredstava, a bez određenih materijalnih uslova života i umovanja ne bi mogao ni nastati. Zato svaka tehnološka revolucija ima svoju duhovnu i materijalnu osnovu, zbog čega je neodvojiva od socijalno-ekonomske i političke revolucije, kao što su socijalno-ekonomska i politička revolucija neizvodive bez odgovarajuće naučno-tehnološke revolucije. Naučno-tehnološka, socijalno-ekonomska i politička revolucija su u stvari nedeljiv revolucionarni proces prerastanja starih u nove društvene odnose.

Ako komunizam treba da donese životno izobilje i oslobađanje čoveka od proizvodnog rada, onda za to nije presudna politička, nego naučno-tehnološka revolucija koja donosi potpunu automatizaciju proizvodnje i maksimalnu produktivnost rada, zbog čega se danas sve više i govori o naučno-tehnološkoj, a sve manje o socijalno-ekonomskoj i političkoj revoluciji, ali s obzirom na njihovu međusobnu uslovljenost, i to je pojednostranjivanje naučno neodrživo.

Industrijska revolucija, koja je naglo ubrzala rast društvene produktivnosti i donela duboke socijalno-ekonomske i političke promene, nastala je pronalaskom parne mašine, čijom je upotrebom veliki deo ljudske radne snage oslobođen iz neposrednog procesa proizvodnje, Dok je „...*prije 1800. godine čovjek raspolagao radnim kapacitetom $\frac{1}{10}$ konjske snage, već je oko 1900. parna turbina u 24 sata izvršavala 234.000-struki rad čovjeka...*", a „*...četrdesetak godina našega vijeka jedna turbina od 300.000 KS vršila je u toku 24 sata desetmilijunostruki rad jednog čovjeka... U starom Rimu trebalo je obućaru pet i po dana da napravi par obuće...*", dok „*...jedna moderna tvornica obuće*

KARAKTER I OSNOVNE DIMENZIJE REVOLUCIJE

danas proizvodi po svakom radniku za isto vreme 85 pari, dakle sto puta više... Prije 5000 godina, rezao je ciglar rukom u roku od 10 sati 450 cigala; u modernoj ciglarskoj industriji proizvodi jedan radnik u istom vremenu 400.000 cigala. Dakle oko 1000 puta više[1]. To je za rezultat imalo nezapamćeni skok proizvodnje, pa je samo između 1870. i 1900. god. svetska industrijska proizvodnja povećana gotovo četiri puta[2], dok je u SAD, gde je proces industrijalizacije bio najintenzivniji, od 1865. do 1946. godine ukupna proizvodnja povećana za 40 puta, a po glavi stanovnika za 11 puta[3].

Naučno-tehnološka revolucija je stvorila i moderni proletarijat, kao glavnog socijalnog nosioca kapitalističke reprodukcije, a danas stvara masovnu stvaralačku inteligenciju, koja postaje glavni nosilac reprodukcije slobodnog stvaralačkog društva. Dok je s uvođenjem mašinske tehnologije seljaštvo masovno pretvarano u armiju najamnih industrijskih radnika, sa razvijanjem elektronskih tehnologija, iz redova industrijskih najamnika vrši se masovno regrutovanje slobodnih stvaralaca.

Takve promene su i moguće i nužne jer se *„...uvođenjem mašina alatljika smanjuje potreba za kvalificiranom radnom snagom...“*, što omogućava brzu prekvalifikaciju seljaštva u nekvalifikovane i polukvalifikovane industrijske radnike, dok s *„...uvođenjem automatizacije otpada potreba i za kvalificiranim i polukvalificiranim radnicima, a raste potreba za tehničarima, inspektorima i operatorima“*[4]. Zbog *„...brzog napredovanja tehnike i sa prelazom na dublje principe automatizacije, u radu tehničara oseća se potreba teoretske, inženjerske kvalifikacije - naročito u takvim strukama kao što su matematika, elektronika i*

---

[1] Dragutin Nikšić, Čovjek i rad, SNA, Zagreb, 1979, str. 9

[2] Vidi: Savremeni svet, isto, str. 130

[3] Vidi: Rudi Supek, Sociologija, XV izd., „Školska knjiga“, Zagreb, 1987, str. 78

[4] Stjepan Holadin, Industrijska sociologija, Fakultet građevinskih znanosti, Zagreb, 1983, str. 78

sl.", a „...*inženjeri, opet, dobijaju sve češće zadatke istraživanja, koji zahtevaju naučnu pripremu...*", zbog čega „...*trendovi razvitka pokazuju nesumnjivu tendenciju ka naglom skoku porasta udela zaposlenih u nauci, istraživanju, razvoju*"[1]. U SAD je, na primer, od 1978-1990. godine zabeležen „...*veoma nagli porast novatorskih profesija (IV i V sektor - inženjera, programera, naučnika, itd.)*"[2].

Revolucionarne promene u strukturi zaposlenih podrazomevaju i odgovarajuće promene u obrazovanju, bez kojih ne bi moglo biti ni razvoja novih tehnologija ni rasta društvene produktivnosti. „*Na bazi istraživanja pokazalo se da radnici sa sedmogodišnjom školom na istim radnim mestima, postižu u proseku 67% veću produktivnost u odnosu na one koji nisu pohađali nikakvu školu...*"[3], a da se i ne govori o tome da se bez visokog obrazovanja ne bi mogle ni stvarati ni primenjivati nove tehnologije.

Obrazovanje već samo po sebi znači napuštanje egzistencijalnog minimuma i povećanje životnog standarda proizvođača, koje znatno utiče na rast društvene produktivnosti. „*Institut za socijalni razvoj Ujedinjenih nacija, na bazi istraživanja u 18 zemalja u razvoju, konstatovao je da su one zemlje koje su krajem dekade 1950. godine imale viši nivo životnog standarda postigle i brži privredni razvitak u periodu 1950. do 1960. godine...*", a „...*analizom je ustanovljeno da je porast produktivnosti i privrednog razvoja dobrim delom postignut na bazi višeg životnog standarda*"[4].

Ali koliko životni standard utiče na produktivnost, toliko i produktivnost utiče na životni standard. „*Istim ritmom kojim se razvija*

---

[1] Radovan Rihta i saradnici, Civilizacija na raskršću, „Komunist", Beograd, 1972, str. 124 i 117

[2] Vidi: Živko Marković, Slobodan Pokrajac, Društvo u promenama, „Naučna knjiga", Beograd, 1997, str. 149

[3] Radomir Bijelić, Raspodela prema radu i životni standard, Beograd, 1966, str. 13

[4] Isto, str. 14

industrija,...valja prodavati ono što se proizvede...", zbog čega „...kapitalizmu više nije bilo moguće da se, kao u početku, oslanja na potrošnju. dobro stojećih i srednjih klasa - recimo buržoazije - da bi prodao svoju proizvodnju...", pa „...pošto je proizvodnja rasla, on je morao da obezbedi dovoljno tržište putem masovne potrošnje i stvaranjem tzv. potrošačkog društva[1]. Ako je „...ranije uslov opšteg rasta bilo stešnjavanje potrošnje masa u granice reprodukcije radne snage, sada, nasuprot tome, ono postaje smetnja tog rasta...", pa „...izvesna mera proširivanja potrošnje (čak i potrošnje masa) nastupa na njegovo mesto kao bezuslovni uslov savremenog rasta*[2].

Uticaj životnog standarda na produktivnost i produktivnosti na životni standard ne vrši se, međutim, automatski. Ljudi neće raditi bolje ako bolje žive niti će bolje živeti ako bolje rade ukoliko njihov život nije u neposrednoj zavisnosti od njihovog rada, zbog čega je i rast produktivnosti u neposrednoj zavisnosti od načina raspodele novostvorene vrednosti. Svako je motivisan da bolje radi i više proizvodi samo ako od toga ima neposredne koristi, bez čega nema nikakve i ničije proizvodne motivacije jer proizvodni rad, za razliku od slobodnog stvaralačkog rada, ne motiviše sam po sebi nego je glavni motiv njegov proizvod.

Glavne pokretače proizvodne mobilnosti nikada nisu predstavljale političke, već tehnološke revolucije, ali ne same po sebi nego preko socijalno-ekonomskih revolucija u načinu raspodele i prisvajanja novostvorene vrednosti. Ako nove tehnologije omogućavaju ubrzani rast društvene produktivnosti, prisvajanje ograničenog novostvorenog proizvoda je glavni motiv njihovog stvaranja i praktične primene, čega ne može biti bez neposredne zainteresovanosti i proizvođača i vlasnika proizvodnih sredstava.

---

[1] Edmon Mer, Samoupravljanje - sutrašnjica, „Radnička štampa", Beograd, 1977, str. 3

[2] Radovan Rihta i saradnici, cit. rad, str. 35

Živko Marković   VELIKA (SAMO)OBMANA

Potrebe za tehnološkim unapređivanjem proizvodnje oduvek su predstavljale pokretačku snagu i za unapređivanje proizvodnih odnosa, u obostranom interesu i proizvođačkih i vladajućih klasa. Smatra se da je i „...*najbitniji uzrok rasula Rimskog carstva, pre svega, u zastarelosti robovlasničkog društvenog sistema i ogromnom udelu robovske radne snage u proizvodnji...*" s obzirom da su „...*robovi, već samim svojim statusom, bili nezainteresovani za rad, pa su, umesto da podižu proizvodnju, dizali ustanke i time potresali temelje Carstva*"[1]. Uvođenjem feudalizma pobuđen je opštedruštveni interes i za uvođenje novih proizvodnih tehnologija, koje je, više nego sami ustanci kmetova, konačno dovelo i do njegovog propadanja.

Racionalno korišćenje industrijskih tehnologija zahteva još veću, i maksimalnu motivaciju industrijskog radnika. „*Nezainteresovanost radnika najamnog rada danas se sve više oseća kao kočnica tehničkog napretka...*", čija „...*pokretačka snaga, sposobna ne samo da pokrene naučno-tehničku revoluciju već i da je realizuje u svim njenim posledicama, može, po logici stvari, biti samo stremljenje cele mase radnih ljudi (ili bar pretežne većine ljudi), svakog čoveka pojedinačno, stremljenje za trajnim maksimalnim rastom proizvodnosti društvenog rada*"[2].

Pošto se to ne može postići bez neposrednog učešća radnika u raspodeli ostvarene dobiti i upravljanju proizvodnim tokovima, naučno-tehnička revolucija je sa proizvodne tehnologije morala biti proširena i na tehnologiju organizacije, ekonomije rada i samog upravljanja. Poslodavci su, pored ostalog, „...*nastojali da oblicima zainteresovanosti (finansijske) ili učešća („vaše mišljenje nas interesuje") vežu za sebe zaposlene, posebno kadrove, kako im se ovi ne bi otrgli...*",

---

[1] A. Bulek, Dž. Bari, Dž. Bronovski, Dž. Tičer, Dž. Haksli, Istorija od početka civilizacile do danas, „Vuk Karadžić" - „Mladinska knjiga", Beograd, Ljubljana, 1969, str. 7

[2] Radovan Rihta i saradnici, cit. rad, str. 67

pokušavali su da „novom strukturom zadataka" otklone nezainteresovanost, pa i škart, koji je rezultat „usitnjenog rada", međutim, „...*ova dobra volja poslodavaca očigledno je ograničena vlašću koju oni žele da zadrže netaknutom...*", pa su „...*ovi pokušaji u osnovi mere diverzije i manipulacije...*" kojima se „...*u stvari ništa ne rešava*"[1].

Ne radi se, međutim, o dobroj volji već o objektivnoj nužnosti reprodukcije samog kapitala, koja je u protivrečju s isto toliko objektivnom tendencijom njegove centralizacije. Pravo razrešenje tog protivurečja je u demokratskoj centralizaciji, koja je svoj institucionalni izraz našla u zadrugarstvu i akcionarstvu, koji su imperativ naučno-tehnološke revolucije, jer „...*promjene koje u neposrednom radnom procesu izaziva nova, suvremena i automatizirana tehnologija, te upravljanje njome, neizbežno imaju u sebi klice samoupravnih aspiracija*"[2].

Pošto se zasnivaju na slobodnom udruživanju uz maksimalnu motivaciju za racionalno raspolaganje udruženim sredstvima, zadrugarstvo i akcionarstvo otvaraju široke mogućnosti za stvaranje i primenu novih tehnologija. Oni se, međutim, razvijaju kroz borbu s monopolističkim i etatističkim tendencijama, koje se u regulisanju tokova društvene reprodukcije oslanjaju i na silu, oktroišući i procese demokratizacije svojinskih i društveno-političkih odnosa. Stoga veliki tehnološki bumovi redovito izazivaju i velike reprodukcione krize, u čijem razrešavanju ulogu glavnog arbitra imaju i imaće monopolističko-etatističke snage sve dok ih se društvo potpunom demokratizacijom ne oslobodi.

Industrijska proizvodnja je dolazila u sve veću koliziju sa klasnom polarizacijom društva jer je sve teže podnosila najamnu poziciju proizvođača i tržišnu stihiju. Zbog klasnih nepomirljivosti, koje su otežavale stvarnu demokratizaciju društva, jačala je reprodukciona uloga

---

[1] Edmond Mer, Samoupravljanje - sutrašnjica, isto, str. 33

[2] Drago Buvač, cit. rad, str. 111

države i državne birokratije, koja je preuzimajući ulogu vladajuće klase, i sama izrastala u svojevrsnu klasu nad klasama.

Usled relativno spore demokratizacije svojinskih odnosa u odnosu na ubrzane procese tehnologizacije, i sve dublje krize stihijne reprodukcije kapitala, za koju je individualno kapitalističko vlasništvo postalo pretesno, morala je po cenu još većeg gušenja stvarne demokratizacije, biti izvršena njena brza etatizacija, u čijoj su funkciji nastali i takvi ultraautokratski oblici etatističke vladavine kao što su fašizam i staljinizam. Uticaj države „...na celokupne društvene i ekonomske tokove savremenih kapitalističkih zemalja izvanredno brzo raste, naročito posle velike ekonomske krize 30-ih godina, i drugo, posle II svetskog rata, a naročito od kraja 50-ih godina, ona sve manje interveniše u privredi, a sve pretežnije istupa kao arbitar državnog kapitalističkog regulisanja i planiranja privrede visoko razvijenih kapitalističkih zemalja“[1].

U suštini istu promenu koju su nasilnim osvajanjem političke vlasti, izvršili komunisti, sproveli su pod pritiskom tehnološke revolucije bez upotrebe nasilja ali uz oslanjanje na državno nasilje, antikomunisti. Tehnološka revolucija je, međutim, bila glavni uzročnik i nasilnih komunističkih prevrata, koji su neočekivano čak i za njihove aktere, izbijali više usled sticaja društvenih okolnosti nego kao rezultat nekih organizovanih priprema.

Predviđanja o zaoštravanju klasnih suprotnosti i neminovnosti nasilnih komunističkih prevrata su se delimično zaista ostvarila, ali ne u razvijenim, već u nerazvijenim zemljama, no ipak pod odlučujućim uticajem razvijenih. Zemlje koje su u međunarodnim odnosima prednjačile tehnološki, neizostavno su prednjačile i ekonomski, što im je omogućavalo da preko međunarodnog tržišta čak i automatski eksploatišu manje razvijene, a najviše ekonomski nerazvijene zemlje, u kojima

---

[1] Dr Stojan Jankov, cit. rad, str. 70

su zbog toga neizbežno zaoštravane klasne suprotnosti, zbog čega je lanac imperijalizma, kako je i Lenjin predviđao, morao pucati najpre tamo gde je najtanji.

Ali pucanje imperijalizma ne vodi automatski u komunizam, niti se komunistički odnosi uspostavljaju samim preuzimanjem vlasti od strane komunista, kao što je komunistička propaganda ubeđivala i obmanjivala nedovoljno upućene mase. Da je sa tehnološkim bumom komunistička vlast izvršila revolucionarne promene i u demokratizaciji svojinskih i društveno-političkih odnosa, ne bi se zaustavila na etatističkoj revoluciji i „državnom socijalizmu" (u suštini državnom kapitalizmu), ali to već nije bila komunistička, već antikomunistička vlast, jer je u oružanoj revoluciji komunistički kadar žrtvovan ili je u toku etatizacije od same komunističke vlasti politički, pa i fizički likvidiran[1].

Gušenjem demokratizacije, etatizacijom je gušena i tehnologizacija, koja je ponovo sve više zaostajala za tehnologizacijom najrazvijenijih industrijskih zemalja. U Sovjetskom Savezu, kao i u drugim zemljama „državnog socijalizma", „...*godinama se nije kako treba njegovao razvoj naučno-istraživačke i eksperimentalne baze, nisu u tu svrhu usmjeravane kapitalne investicije i resursi...*", što se „...*moralo odraziti na nizak tehnički stupanj strojogradnje i na dinamiku znanstveno-tehničkog progresa*"[2]. Bez socijalno-ekonomske i političke revolucije, nije se mogla nesmetano odvijati ni naučno-tehnološka revolucija.

U skladu sa svojom generalnom definicijom socijalističke revolucije, Marks je i ceo prelazni period između klasnog i besklasnog društva definisao pre svega sa njegove nasilno-političke strane, kao

---

[1] Vidi: The Communist Party,of the Soviet Union, Leonard Scapiro, 1960, Eyre spottiswoode, London, p. 397-440; Anna Louise Strong, The Stalin era, Popular library: Calcuta - 6, p. 57-64

[2] M.S. Gorbačov, Perestrojka, NIGR Zadružna štampa - Zagreb, KIZ Centar - Beograd, RO Spektar - Zagreb, 1987, str. 48

revolucionarnu diktaturu proletarijata[1], što je obilato korišćeno za ideološko opravdavanje birokratsko-etatističke vladavine. Umesto na stvaralačku, težište je, radi održavanja takve vladavine, stavljano na represivnu stranu revolucije.

Birokratsko-ideološko špekulisanje sa postavkom o revolucionarnoj diktaturi proletarijata bilo je pogodno zato što ona protivreči samoj sebi. Eksploatisana klasa, po prirodi stvari, ne može vladati eksploatatorskom klasom, a ukoliko prestaje njena eksploatacija, ona samim tim gubi suštinska obeležja proletarijata. Sintagma „diktatura proletarijata" kao oblik društvene (državne) vladavine, sama po sebi implicira da radnička klasa i nakon razvlašćivanja buržoazije ostaje u najamnom (proleterskom) položaju, te da u njeno ime državnu vlast vrši (diktaturu sprovodi) neko drugi, što se zapravo i događalo. Čim je izvršena nacionalizacija privatnog kapitala, radnička klasa je prekomandovana u najamni položaj kod države kao novog poslodavca, koji je u ime radničke klase diktaturu sprovodio pre svega nad samom radničkom klasom pošto buržoazije i drugih eksploatatorskih klasa više nije ni bilo.

Da bi prikrila sopstvenu vladavinu, birokratija je ideološku postavku o navodnoj diktaturi proletarijata koristila dok nije učvrstila svoje pozicije, a zatim ju je, opet radi prikrivanja svoje vladavine, zamenila postavkom o narodnoj, opštenarodnoj ili socijalističkoj državi. A pošto je, i po Lenjinovoj definiciji, svaka država oblik klasne diktature[2], stvar se u suštini svodi na isto jer se i iza „narodne države" skriva diktatura birokratije s obzirom da narod ne može sprovoditi diktaturu nad samim sobom, pa ili je država nenarodna ili je nema.

Ali postavka o revolucionarnoj diktaturi proletarijata ne protivreči samo samoj sebi, nego i poznatoj postavci o odumiranju države

---

[1] Dela, isto, tom 30, str. 24

[2] Sočinenija, izd. IV, isto, tom 23, str. 57 i 47

kroz pretvaranje predstavničke u neposrednu, i formalne u stvarnu demokratiju, koju su Marks u analizi Pariske komune, i Lenjin u „Državi i revoluciji", argumentovano obrazlagali. To je moguće samo ako ceo narod postaje stvarnim vlasnikom proizvodnih sredstava jer političke vlasti naroda nema bez njene ekonomske osnove, ali tada nema ni proletarijata.

U tom slučaju, ne može biti ni tipične klasne diktature jer bi istinski socijalistička država, koja više i nije država u pravom smislu, po svojoj klasnoj funkciji morala predstavljati diktaturu protiv diktature, i u suštini biti antidiktatorska organizacija samoorganizovanog naroda, koji sopstvene interese ostvaruje neposrednim sprovođenjem svoje volje. Pa ako diktatura nije glavni oslonac takve organizacije, onda ona ne bi mogla predstavljati suštinsku definiciju socijalističke države, te je i cela postavka o diktaturi proletarijata naučno neodrživa.

Staljin je pokušao da protivurečje između diktature proletarijata i odumiruće države razreši etatistički, kako je jedino i odgovaralo državnoj birokratiji, da socijalistička država odumire jačanjem, što je sasvim suprotno Marksovom i Lenjinovom poimanju, po kojem bi mogla važiti potpuno obrnuta teza da socijalistička država jača odumiranjem, pod uslovom da se ona shvati kao samoupravna i istinski demokratska organizacija naroda. Samo pod tim uslovom moglo bi se govoriti o revolucionarnoj ulozi socijalističke države u stvaranju novog društva, ali pošto bi to značilo ukidanje birokratske vladavine, takva mogućnost je odbacivana ili izvrtana u svoju suprotnost.

Birokratiji je sasvim odgovarala postavka o odumiranju države pošto je isključivala organizovano delovanje revolucionarnih snaga na demokratizaciji, podrazumevajući odumiranje kao spontani proces gašenja državnih funkcija, što bi trebalo da znači i dobrovoljno odricanje državne birokratije od vlasti. Pretpostavljalo se da će tako i biti ako državne funkcije budu poveravane najsvesnijim partijskim kadrovima

93

ozarenim revolucionarnim idejama komunizma, ali su se vladajuće partije i same brzo birokratizovale, pa su se umesto idejama komunizma ozarile samom vlašću.

Da bi se osujetila kontrarevolucionarna diktatura državne birokratije, komunističke partije su morale nastaviti da deluju kao revolucionarne organizacije i kao dežurna opozicija državnoj vlasti, što ne isključuje učešće njihovih članova u obavljanju državnih funkcija, ali pretpostavlja odvojenost i neprofesionalno obavljanje partijskih funkcija od strane najrevolucionarnijih kadrova. To se, međutim, nije desilo već je svugde dolazilo do funkcionalnog srastanja partijskog i državnog aparata, što pokazuje da vodeću snagu socijalističke revolucije nisu mogli predstavljati profesionalni političari ni politički zastupnici radničke klase i seljaštva.

Pod pretpostavkom da je revolucija posmatrana više sa stvaralačke nego sa rušilačke strane, moralo bi se shvatiti da njenu vodeću snagu mogu predstavljati samo slobodoumni stvaraoci, a nikako fizički radnici, i pogotovu profesionalni političari, zainteresovani da društvom vladaju a ne da ga menjaju. Zbog svog bednog položaja u društvenoj reprodukciji, proletarijat, ni uz najveći revolt, nije sposoban sam ni da ruši buržoaski poredak. Na to je svojevremeno ukazivao i sam Engels opisujući kako su radnici koji su sačinjavali Odbor za desetočasovni radni dan u Engleskoj, „...*bili potpuno slomljeni, radom satrveni karakteri, mirni, pobožni i časni ljudi koji su se blagočastivo užasavali čartizma i socijalizma, prema prestolu i oltaru osećali dužno strahopoštovanje*"[1].

Sve društvene revolucije su delo uma, a ne mišica, duhovne, a ne fizičke snage. Osnivačima komunističkog pokreta je otpočetka bilo jasno da je proletarijat samo fizička snaga, nesposobna za revoluciju

---

[1] Dela, isto, tom 10, str. 195

bez vodeće uloge inteligencije, što su i sasvim eksplicitno izrazili kroz poznatu postavku da „...*kao što filozofija u proletarijatu nalazi svoje materijalno oružje, tako i proletarijat u filozofiji nalazi svoje duhovno oružje*"[1]. Vodeću snagu svih komunističkih prevrata predstavljala je upravo komunistički opredeljena inteligencija, ali spoljašnje povezivanje duhovne i fizičke sile nije dovoljno da se revolucija do kraja izvede.

Unutarnje (organsko) povezivanje duhovne i fizičke snage podrazumeva pretvaranje fizičkih radnika u duhovne stvaraoce, što nije moguće bez takve naučno-tehnološke revolucije kojom se celo čovečanstvo oslobađa fizičkog rada da bi svaki pojedinac postao slobodni stvaralac, što kao ljudsko biće, u suštini i treba da bude. Revolucionarne snage se samo revolucijom stvaraju; revolucionari izvode revolucije, ali se u revolucijama i rađaju.

Nikada ni jedna postojeća društvena klasa nije bila kreativna snaga novog društvenog poretka. Kreativni nosioci velikih društvenih revolucija uvek su bile nove klase koje su preuzimanjem osnovnih sredstava društvene reprodukcije nastajale u samoj revoluciji. Plemena su međusobnim ratovanjem rušila plemensku zajednicu, ali su robovlasnički poredak stvarali robovlasnici, kao što su robovlasništvo rušili robovi, a feudalizam stvarali feudalci, pa ga rušili kmetovi, da bi kapitalizam stvarali kapitalisti.

U osnovi svih revolucionarnih promena bile su promene u načinu proizvodnje i raspolaganju proizvodnim sredstvima. Kao nosilac revolucionarnih promena, robovlasnička klasa je nastala u toku samog prelaska sa plemenskog na robovlasnički, feudalna sa robovlasničkog na feudalni, a kapitalistička klasa sa feudalnog na kapitalistički način proizvodnje. U svim slučajevima nova klasa je postajala vodećom i

---

[1] Isto, tom 3, str. 160

vladajućom snagom društva kao posednik glavnog sredstva proizvodnje i ukupne društvene reprodukcije - zemlje ili kapitala, dok ni jedna proizvođačka klasa nikada nije postala niti je mogla postati ni vodećom ni vladajućom snagom.

Elektronskom naučno-tehnološkom revolucijom stvara se masovna stvaralačka inteligencija, koju nazivaju. „novom srednjom klasom" ili „nadklasom" pošto u sebi sjedinjuje i proizvođačke i upravljačke funkcije. Radi se u stvari o prevazilaženju ili ukidanju klasne strukture društva ukoliko se scientizacijom i automatizacijom proizvodnje ukida podela na fizički i umni rad, na kojoj se zasniva i klasna podela na proizvođače i upravljače.

Ukoliko sa scientizacijom i automatizacijom, glavnim sredstvom proizvodnje i ukupne društvene reprodukcije, umesto kapitala postaje znanje, vodećom i vladajućom snagom društva, kao posednik znanja, nužno postaje stvaralačka inteligencija, ali pošto se iz posedovanja znanja i stvaranja niko ne isključuje, ona nema kim drugim vladati nego samom sobom, čime se klasna vladavina kao društveni odnos ukida. Odlučujuću ulogu u ukidanju klasne polarizacije društva nema, prema tome, politička nego naučno-tehnološka revolucija.

Kao nosilac naučno-tehnološke, stvaralačka inteligencija je istovremeno i glavni nosilac socijalno-ekonomske revolucije, a da bi se naučno-tehnološka i socijalno-ekonomska revolucija nesmetano odvijale, ona mora postati i glavni nosilac političke revolucije. Ključna uloga koju stvaralačka inteligencija dobija u upravljanju proizvodnjom i ukupnom društvenom reprodukcijom, nije rezultat neke političke borbe, već imperativ tehnoloških promena u samoj reprodukciji.

Pošto je upravljanje način raspolaganja proizvodnim i ukupnim reprodukcionim sredstvima, njegovim preuzimanjem stvaralačka inteligencija u suštini preuzima glavnu ulogu i u svojinskom raspolaganju tim sredstvima. Samim tim, uloga nominalnih vlasnika kapitala se smanjuje i polako gubi, svodeći se sve više na plodouživanje sve manjeg dela prinosa od angažovanog kapitala. Umesto svojinskog monopola pojedinaca, sredstva društvene reprodukcije postaju zajedničko vlasništvo svih koji se njima služe i kojima služe, što znači celog društva i svakog pojedinca, čime sve više gube svojinski karakter.

U suštini, privatna i svaka druga svojina ukida se kao društveni odnos, samom zamenom kapitala u funkciji glavnog sredstva proizvodnje, znanjem, koje se po svojoj prirodi kao opštedruštveno dobro, ne može prisvajati i monopolisati. Taj proces dovršava se potpunom automatizacijom proizvodnje, kojom se stvaranjem izobilja proizvodnih i životnih sredstava praktično ukida svaka ekonomska vrednost proizvodnih činilaca, sa čime prestaje i svaki interes za njihovo prisvajanje.

Ključnu ulogu u ukidanju privatnog vlasništva nema, prema tome, politička, nego naučno-tehnološka revolucija, kojom se unose korenite promene i u samu politiku. Deprivatizacija se u smislu sve većeg prevazilaženja svojinskog monopola, može političkim merama podsticati samo ako se one temelje na naučnim saznanjima i preduzimaju u skladu sa tehnološkim inovacijama, bez čega, kao što je iskustvo već pokazalo, mogu imati i suprotan efekat.

Proglašavanjem nacionalizacije za ukidanje privatnog vlasništva okončana je svaka revolucionarna uloga politike u stvarnoj deprivatizaciji, čime je znatno otežan ili potpuno onemogućen i proces naučno-tehnološke i socijalno-ekonomske revolucije. Politika reprivatizacije potvrdila je da je to bila velika zabluda, (samo)obmana i birokratska lakrdija. Da je privatno vlasništvo zaista ukinuto, nipotkojim uslovima se više ne bi moglo obnoviti, kao što se mrtvac ne može oživeti.

Politika može biti istinski revolucionarna samo u funkciji naučno-tehnološke i socijalno-ekonomske revolucije, što podrazumeva da njenu vodeću snagu čini stvaralačka inteligencija, koja je i vodeća snaga socijalno-ekonomske, i noseća snaga naučno-tehnološke revolucije, Ali to se ne može obezbediti time što će se iz redova stvaralaca regrutovati profesionalni političari, već jedino tako što će se sama politika deprofesionalizovati i demokratizovati, te omogućiti da na nju najvise utiču najkreativnije i najprogresivnije snage društva.

Najveću, ne samo stvaralačku, nego i pokretačku snagu transformacije proizvođačkog u stvaralačko društvo, ne predstavljaju proizvođači već stvaraoci. Ne čini je fizički, nego intelektualni deo proletarijata, ako se pod proletarijatom podrazumeva i najamnička inteligencija, s obzirom da je buržoazija i „...*ljekara, pravnika, sveštenika, pjesnika i naučnika pretvorila u svoje plaćene najamne radnike*"[1]. To je, pre svega, zbog toga što je stvaralačka inteligencija najviše zainteresovana ne samo za stvaranje novog, već i za rušenje starog društva, u kojem je najviše ugrožena.

Proizvođačke klase se neposredno bore za oslobađanje od proizvodnog, a stvaralačka inteligencija se bori za oslobađanje stvaralačkog rada, ali dok se proizvodni rad podstiče i nagrađuje, stvaralački rad se guši i zabranjuje kad god nije po volji vladajućeg režima, čime se ugrožava i životna egzistencija stvaralaca. Fizički radnici u najgorem slučaju mogu ostati bez posla, a slobodne stvaraoce anatemišu, progone, zatvaraju i fizički likvidiraju, i to utoliko više što su slobodniji i kreativniji.

Zato bi stvaralačka inteligencija morala biti najodlučnija i najistrajnija u borbi za oslobođenje ljudskog rada, ali ona treba da je najviše, pa više i od proizvođačkog dela proletarijata zainteresovana za socijalističku raspodelu prema radu jer najviše doprinosi podizanju društvene produktivnosti rada. Iako povećanje produktivnosti doprinosi opštem blagostanju, fizički radnici, zbog manjeg radnog doprinosa, ne

---

[1] K. Marks, F. Engels, Dela, isto, tom 7, str. 382

mogu biti odlučni borci za takvu raspodelu, i više su naklonjeni troškovnoj preraspodeli, koja ih nezavisno od individualnog doprinosa, izjednačava ili bar približava visokim stručnjacima.

Interes stvaralačke inteligencije za raspodelu prema radnom (stvaralačkom) doprinosu, treba da je utoliko veći što je ona nezamenjivi uslov jačanja njene stvaralačke samostalnosti i konačnog otrzanja od podaničke zavisnosti. Ukoliko razvijanjem takve raspodele jača njen svojinski subjektivitet nad sredstvima društvene reprodukcije i vlastite egzistencije, utoliko se više povećavaju i njene stvaralačke mogućnosti. Proizvodna i stvaralačka motivacija se na taj način organski sjedinjuju u najjaču pokretačku snagu svekolike društvene (socijalističke) revolucije.

DRUŠTVENE JEDNAKOSTI
I NEJEDNAKOSTI

*J*edan od osnovnih ciljeva komunističkog pokreta je ostvarenje iskonske ideje o društvenoj jednakosti. Ako bi ta ideja bila neostvariva, komunizam bi predstavljao utopiju jer je jednakost zamišljena kao suštastveno obeležje komunističke zajednice, nasuprot klasnom društvu nejednakosti, čijem se prevazilaženju teži.

Nada u mogućnost jednakosti među ljudima podgrejavana je saznanjem da je ona u prvobitnoj zajednici već postojala, ali je proisticala iz prirodne nužde a ne iz društvene saglasnosti. U jednakim prirodnim uslovima jednako se jedino i moglo živeti jer nejednakih društvenih uslova još nije ni bilo.

Ideja jednakosti mogla je se pojaviti tek kad su nastale društvene nejednakosti jer ljudi uvek teže onome što nemaju, a ne onome što već imaju. Ali s obzirom da niko ne teži gorem, nego boljem životu, i nezavisno od toga kako će drugi živeti, težnja za prevazilaženjem i samoprevazilaženjem, pa samim tim i za razlikovanjem, ne samo od drugih već i od samog sebe, je u samoj prirodi ljudskog bića. Otuda i težnja ka jednakosti, koje bez nejednakosti ne bi ni bilo, ima progresivni karakter samo s usmerenošću za izjednačavanjem sa višim a ne sa nižim, i sa boljim a ne sa gorim, pa se ne teži ni izjednačavanju na istom, nego na višem nivou.

Nejednakosti su iz tih težnji zapravo i nastale, pa su i sukobi među pojedincima i zajednicama izbijali uglavnom iz nastojanja za osvajanjem i prisvajanjem boljih životnih resursa. Još su divlje horde otimale i preotimale plen jedna drugoj, ali zahvaljujući više fizičkoj nego društvenoj nadmoći, koja se može javljati tek na osnovama privatnog vlasništva.

Zato je borba za prisvajanje otpočela čim je čovek počeo sam proizvoditi sredstva svoje egzistencije, i čim se pojavio nekakav višak proizvoda iznad egzistencijalnog minimuma. Najpre su vrači i plemenske poglavice dobijali na poklone, a zatim prilikom deobe plemenske imovine grabili plodnije parcele i bolje primerke stoke, dok konačno ratnim osvajanjima i masovnim porobljavanjem pokorenog stanovništva nije stvoren prvi klasni poredak eksploatatora i eksploatisanih, vlasnika i obezvlašćenih, gospodara i slugu, jer ekonomsko prisvajanje nije bilo moguće bez društvenog potčinjavanja.

Tako je privatna svojina postala trajni i osnovni uzrok društvenih nejednakosti, protiv kojeg su prve masovne pobune dizali religijski pokreti. Ali oni nisu zahtevali izjednačavanje sa goljama i beskućnicima, već preraspodelu imovine, pa „...*koji ima dvije haljine, neka da jednu onome koji nema; i ko ima hrane neka čini tako*"[1].

Zbog niske produktivnosti, najveće ekonomske i društvene nejednakosti bile su (između roba i robovlasnika) u robovlasništvu. Da bi se produktivnost, a time i opšte blagostanje društva povećali, kmetu je, radi proizvodne motivacije davana okućnica, a zatim mu je uvođenjem

---

[1] Jevanđelje po Luci, Novi Zavjet, izdanje britanskoga i inostranoga biblijskoga društva, Beograd, 1868, str. 54

novčane rente pružana mogućnost i da se relativno obogati, otkupi zemlju i osamostali. Buržoaska revolucija je uvođenjem opšteg prava svojine i proklamovanjem društvene jednakosti otvorila perspektive za prevazilaženje nasleđenih nejednakosti, ali su polarizacijom najamnog rada i kapitala stvorene nove nejednakosti, zbog čega je socijalistička revolucija istakla zahtev za ukidanjem privatne svojine kao glavnog uzročnika klasnih nejednakosti.

Izgledalo je da se socijalističkom revolucijom tekovine buržoaske revolucije anuliraju, a u stvari se nadograđuju, čime se revolucionarni kontinuitet nastavlja. Pokazuje se, naime, da se privatna svojina samo razvijanjem može ukinuti, te da se društvene nejednakosti ne mogu prevazići opštim obezvlešćivanjem već samo opštim ovlašćivanjem uz podizanje produktivnosti i društvenog blagostanja na najviši mogući nivo.

Pošto je u komunističkom pokretu stvorena iluzija da se privatna svojina ukida političkim dekretima, iz toga je proistekla i zabluda da se time automatski ukidaju i društvene nejednakosti. Nacionalizacijom se formalno svi izjednačavaju prema podržavljenim sredstvima društvene reprodukcije jer se pravno svi lišavaju svojinskog subjektiviteta, ali državna birokratija stiče monopol na upravljanje tim sredstvima, koje je, kao način raspolaganja, okosnica svojinskog monopola.

Formalno-pravnom jednakošću se na taj način prikriva stvarna nejednakost između birokratije i ostalog stanovništva, kao što se u liberalnom kapitalizmu prikriva nejednakost između poslodavca i najamnog radnika. Stvarna promena je samo u tome što je mesto mnoštva individualnih poslodavaca zauzela država kao jedinstveni opšti poslodavac, dok je radnička klasa i dalje ostala u najamnom položaju.

Umesto da budu ukinute, nejednakosti su još i povećane jer je sitne i srednje vlasnike kapitala zamenila država kao najkrupniji i najmoćniji kapitalista, dok su nemoćni i bespomoćni najamni radnici ostali na minimiunu egzistencije. Najamni radnik je lišen vlasništva čak i nad sopstvenom radnom snagom pošto ga je državni poslodavac, i bez njegovog pristanka, mogao zapošljavati i prezapošljavati kad je hteo i kako je hteo.

Uprkos tome, država je zamišljana kao autoritativni i autoritarni garant i regulator društvenih jednakosti, što je i u raspodeli životnih sredstava mogla biti samo u uslovima ratnog komunizma kad je društveni proizvod jedva dostizao i za fiziološko preživljavanje stanovništva. Čim je taj nivo počeo da se prevazilazi, prva je državna birokratija stala da se i po materijalnom položaju izdvaja, pošto je po društvenom položaju već otpočetka bila privilegovana.

Ideološki oslonac za uravnilovku nalažen je i u stavovima Engelsa, koji je zalažući se za socijalno-ekonomske jednakosti, odbacivao ekonomske principe sensimonista o raspodeli prema radu i talentu[1], što je u očitom nesaglasju sa Marksovim predviđanjima da će se u socijalizmu raspodela vršiti prema individualnom kvantumu uloženog rada, a da se tek u višoj fazi komunizma, pri izobilju životnih sredstava, može primeniti princip „...*svaki prema svojim sposobnostima, svakome prema njegovim potrebama*"[2]. Nesaglasje jedino tako i može biti otklonjeno da se raspodela prema potrebama označi kao istorijski cilj, a raspodela prema radu kao put do njegovog ostvarenja.

Takva solucija ne slaže se, međutim, s etatističkom ideologijom da se društvene nejednakosti ukidaju već samom nacionalizacijom privatnog vlasništva, pa je princip raspodele prema radu izokrenut u raspodelu prema radnom vremenu, što znači u svoju suprotnost - raspodelu prema neradu. Umesto radnog doprinosa (kvantuma uloženog rada, ili radnog učinka), za osnovu raspodele uzimani su radno mesto, funkcija, školska sprema, kvalifikacija i vreme provedeno na poslu. Plate su

---

[1] Vidi: Dela, isto, tom 30, str. 182

[2] Isto, str. 17-18

unapred određivane nezavisno od rada i radnog doprinosa, što je ismejavano podrugljivim i prkosnim krilaticama: „Radio ne radio svira mi radio", „plata ide, gazdi kako bide", „niko me ne može toliko malo platiti koliko mogu malo raditi", i sl.

Državnim platnim sistemom zavodi se samo prividna, a zadržava stvarna nejednakost u raspodeli, jer državna plata nije u suštini ništa drugo do jednostrano određena administrativna najamniria kao jednaka naknada za nejednaki rad. Svako pod jednakim propisanim uslovima dobija jednaku platu, ali daje nejednak radni doprinos stvaranju nove vrednosti koja se raspodeljuje.

Uravnilovkom se ne prikrivaju samo društvene nejednakosti nego i sama eksploatacija, kako radnika od strane države koja kao poslodavac prisvaja višak vrednosti, tako i među samim radnicima koji lični dohodak prisvajaju jedni od drugih. Ako dva radnika po jednakim startnim osnovama (radno mesto, kvalifikacija, radni staž) dobijaju istu startnu osnovicu, i ako je radni doprinos jednog 100, a drugog 50 vrednosnih jedinica (bez raznih odbitaka), onda će u raspodeli (100+50=150:2=75) prvi dobiti 25 vrednosnih jedinica manje, dok će drugi na njegov račun, dobiti 25 jedinica više nego što je stvarno zaradio.

Na prvi pogled izgleda da je pravda zadovoljena time što svi dobijaju podjednako, ali je veća nepravda što jedni iskorišćavaju druge. Materijalna jednakost ostvaruje se na račun društvene nejednakosti, i kad bi radnici o tome sami odlučivali, nikad se ne bi sporazumeli, jer niko ne bi pristao da od drugih bude iskorišćavan.

Zato se uravnilovka ne može ostvarivati bez državne prinude, koja podrazumeva zadržavanje klasnih nejednakosti, potčinjavanja i ugnjetavanja. Administrativna raspodela i preraspodela nacionalnog dohotka nije moguća bez birokratskog monopola na odlučivanje i sprovođenje društvene diktature, koja u totalitarnom etatizmu (i po širini i po intenzitetu) dostiže najviši mogući nivo, ništa manji pod staljinizmom nego pod fašizmom.

Pošto poseduje monopol na raspolaganje ukupnim sredstvima društvene reprodukcije, birokratija pored društvenih, koristi i materijalne privilegije. Dok je radnička klasa ostajala na egzistencijalnom minimumu, crvena buržoazija je nakon preuzimanja vlasti, u izobilju i rasipništvu brzo dostizala i nadmašivala plavu buržoaziju. I posle tri decenije od Oktobarske revolucije plate su u SSSR-u bile niže nego pred Revoluciju, ali su samo plate proizvodne birokratije 1950. godine bile 16 puta veće od prosečne radničke plate, a 55 puta veće od najniže plate radnika u mašinskoj industriji[1]. Ako se pored visokih plata, imaju u vidu i druge beneficije koje birokratija legalno ili nelegalno uživa, nejednakosti su i znatno veće.

Zato nije nimalo slučajna uzvičnica „komunisti grabuljisti", mada najveći deo članstva komunističkih partija (među kojima i pravi komunisti) nije odskakao od mase skromno plaćenih najamnika, ali nije imao ni bilo kakvog uticaja na partijsku i državnu politiku. Pošto su po osvajanju vlasti sve komunističke partije, da bi lakše vladale, iz kadrovskih prerasle u masovne organizacije, za položaj na lestvici društvenih nejednakosti nije bila presudna partijska pripadnost već mesto u društvenoj polarizaciji na vlastelu i obezvlašćene.

Socijalno-ekonomske nejednakosti se, međutim, u industrijskom društvu prekrivaju i prikrivaju mnogim konfekcionarskirn jednakostima u načinu života, tako da ono izgleda mnogo egalitarnije i pravednije nego što stvarno jeste, a „realsocijalizam" se u tome uspešno takmiči sa kapitalizmom, pa čak i prednjači. Da bi se stvorio privid socijalno-ekonomske jednakosti, grade se tipske kuće i stanovi, proizvode radne i svečane uniforme, organizuje kolektivna ishrana u narodnim restoranima.

---

[1] Vidi: Živko Marković, Koncepcije KPSS o razvitku socijalističke demokratije, „Hronometar", Beograd, 1970, str. 36/7

106

DRUŠTVENE JEDNAKOSTI I NEJEDNAKOSTI

Iz svega toga izuzeta je samo birokratija, koja stanuje u luksuznim stanovima i vilama mahom koncentrisanim u zasebnim naseljima, odeva se u specijalnim magazinima ili u inostranstvu, a hrani se gde hoće i kako hoće.

Ali fiziološka uravnilovka je sporedna stvar u odnosu na duhovnu uravnilovku, koja se daleko upornije i doslednije sprovodi. Da bi sistem birokratske vladavine funkcionisao, svi moraju misliti kao jedan, koji može misliti kako hoće. U jednoumlju prestaju sve nejednakosti, a i sve jednakosti jer da bi se ujednačavale misli, mora biti slobode mišljenja, koja je ovde isključena čak i za jednog jedinog mislioca, čija se misao mora zaustaviti i okoštati da bi je drugi mogli slepo slediti.

To pokazuje svu apsurdnost i duhovne i fiziološke uravnilovke, koja je ne samo nehumana nego i neprirodna jer ceo svet počiva na raznovrsnosti, bez koje ni jedinstva ne može biti, a ni izjednačavati se ne može nešto što se ne razlikuje. Već po tome je jasno koliko je politika uravnilovke nazadna, pa samim tim i antikomunistička, ako komunizam ne pada s neba kao „dar božiji" nedodirljivih komunističkih moćnika.

Ali politički smisao uravnilovke, i nije komunistička jednakost već zavaravanje i zauzdavanje obezvlašćenog naroda da bi se njime lakše vladalo. Samo egalitarističkim držanjem radnih masa na minimumu egzistencije moglo se obezbeđivati uvećavanje državnog bogatstva u rukama birokratije, uz istovremeno održavanje doziranog socijalnog mira, preko potrebnog za spokojno vladanje. Egalitarnom raspodelom nacionalnog dohotka nisu zadovoljavane stvarne, već oktroisane potrebe državnih podanika, uz koje su morala ići i oktroisana ubeđenja da je tako najbolje što može biti.

Društvene nejednakosti zasnivaju se na društvenoj podeli rada bez čijeg se prevazilaženja nikakvim političkim merama izbrisati ne mogu. Kineska politika „velikog skoka" doživela je veliki fijasko sa pokušajem veštačkog spajanja umnog i fizičkog rada (tako što će, na primer, univerzitetski profesori kopati rovove ili seći šume, a nepismeni seljaci držati univerzitetsku nastavu)[1], ali ni to se ne može tumačiti drugačije nego kao jedan od pokušaja političkog manipulisanja radnim masama, inače bi kreatori takve politike morali biti proglašeni velikim naivčinama i neznalicama.

Istorijski hod ka društvenim jednakostima je kroz sve same nejednakosti i njihova protivrečja. Ekonomske nejednakosti se povećavaju, i ne mogu se povećavati bez istovremenog smanjivanja društvenih nejednakosti, upravo suprotno egalitarističkim pokušajima da se društvene nejednakosti ukinu ekonomskim izjednačavanjem.

Kao osnova društvenih nejednakosti, društvena podela rada nastala je iz generičkih težnji ljudskog bića za oslobađanjem od fizičkog, i razvijanjem umnog rada. I najveća društvena nejednakost je upravo nejednakost između fizičkih i umnih radnika, između jednih koji proizvode, i drugih koji upravljaju proizvodnim procesima i društvenim tokovima.

Oslobađanje čoveka od fizičkog rada nije moguće bez njegove zamene mehaničkim radom, u čemu odlučujuću ulogu nemaju političke, već naučno-tehnološke revolucije, a njih nema bez velikih ulaganja, koja podrazumevaju i veliku koncentraciju i centralizaciju sredstava društvene reprodukcije nasuprot minimumu egzistencije onih koji ta sredstva stvaraju. To je, zajedno sa nejednakostima koje iz toga proističu, neizostavni uslov razvoja i ukupnog društvenog progresa.

Te nejednskosti se stalno povećavaju jer ceo, i sve veći višak proizvoda prisvajaju samo vladajuće klase dok proizvođačke klase ostaju na minimumu egzistencije. Dok su rob, kmet i proleter životarili približno jednako, bogatstvo robovlasnika ne može se meriti sa bogatstvom

---

[1] Vidi: Lešek Kolakovski, Glavni tokovi marksizma, BIGZ, Beograd, tom 3, 1985, str. 579

visoke feudalne vlastele, a pogotovu sa kapitalom savremene države i velikih svetskih korporacija, pa ni sa individualnim vlasništvom mnogih današnjih buržuja širom sveta.

Nejednakosti među pojedincima uslovljene su ne samo klasnom pozicijom već i neravnomernim razvojem nacionalnih zajednica i regiona, kojim se svetsko bogatstvo sliva u sve manji broj razvijenih, nasuprot sve većem broju nerazvijenih zemalja. Dok su se „...*pedesetih godina našeg veka (XX)*...“ razlike u razvijenosti „...*izražavale u jazu između prosečnog dohotka po glavi stanovnika u razvijenim zemljama od 2000 dolara i dohotka po glavi stanovnika u zemljama u razvoju od 175 dolara*...“, već „...*sredinom sedamdesetih godina dohodak po glevi stanovnika u razvijenim zemljama povećao se sa 2000 na 4000 dolara, a u zemljama u razvoju sa 175 na 300 dolara*...“, tako da je „...*stanovnik u razvijenim zemljama, kroz tu jednu generaciju od 25 godina, dobio 2000 dolara, a njegov brat u zemlji u razvoju svega 125 dolara*“[1]. Dok je „...*jaz između bogatih i siromašnih zemalja mjeren u per capita proizvodu bio prije dva stoljeća manji od 2:1, danas je on 39:1 i još se produbljuje*“[2].

Da bi se produktivnost, proizvodnja i bogatstvo bogatih povećavali, društveni položaj obezvlašćenog proizvođača se, uz zadržavanje egzistencijalnog minimuma, morao poboljšavati, pa je bio povoljniji za kmeta nego za roba, i za industrijskog proletera nego za kmeta. Buržoaskom revolucijom je proleter bar pravno izjednačen sa buržujem, ne iz neke blagočastive milosti i humanosti, već zato što se bez toga kapital nije mogao reprodukovati ni kapitalistički poredak funkcionisati.

Ali proizvođačko društvo po svojoj prirodi ne može bez nejednakosti. Sve dok je podeljeno na vlastodršce i proizvođače, intelektualce

[1] Dr Janez Stanovnik, Kriza kapitalizma i novi međunarodni ekonomski poredak, Centar za marksističko obrazovanje OSK Beograda, Beograd, 1977, str. 2

[2] Branko Horvat, Politička ekonomija socijalizma, „Globus“, Zagreb, 1984, str. 406

i fizikalce, jedni moraju upravljati drugima kao što glava upravlja telom, a oni kojima se upravlja ne mogu biti jednaki s onima koji upravljaju pa i da su u svemu ostalom izjednačeni. Društvene nejednakosti su, međutim, u sve većoj koliziji sa naučno-tehnološkim progresom i razvojem same proizvodnje. Samom robnom proizvodnjom pokrenut je kroz ekvivalentnu razmenu proces opšte egalitarizacije u samoj ekonomskoj osnovi društva. Umesto nasilnog prisvajanja bez ikakve naknade, karakterističnog za naturalnu proizvodnju, robno-novčano društvo uvodi nenasilno prisvajanje sa približno ekvivalentnom razmenom, a eksploatacija (prisvajanje bez naknade) se odvija iza kulisa, skrivena i prekrivena jednakošću robne razmene.

Po sili nezaustavivog razvoja industrijske robne proizvodnje, zakon ekonomske ekvivalencije morao je iz sfere prometa sve dublje prodirati u samu proizvodnju. Već u čisto kapitalističkom akcionarstvu, svako u raspodeli ostvarenog profita učestvuje srazmerno svom ulogu, tako da za jednake uloge svi dobijaju podjednako, bez čega stvarne jednakosti ne bi ni bilo. A u zadrugarstvu, gde je i skrivena eksploatacija isključena, taj princip je dosledno i bez ostatka sproveden tako da u raspodeli novostvorene vrednosti svi učestvuju srazmerno ukupnim ulaganjima, i u živom i u opredmećenom radu.

Zbog svoje revolucionarnosti, zadružno egalitarstvo sve više osvaja celu društvenu reprodukciju. Egalitarna raspodela prema uloženom kapitalu neodoljivo se proširuje na raspodelu prema ukupnom uloženom radu, što je pre svega tehnološki i ekonomski imperativ, a ne samo etički i politički postulat.

Raspodelom prema radu se još ne uspostavlja ekonomska (materijalna), ali se uspostavlja društvena jednakost da za jednak radni doprinos svako dobija jednako. Ko je dao dvostruko više, dvostruko više i dobija; dakle, nejednaki delovi kolača pripadaju samo onima koji su u njega nejednako uložili, ali zato podjednako dobijaju svi čiji su ulozi podjednaki; svaka drugačija raspodela značila bi iskorišćavanje jednih od strane drugih.

To je pokretačka snaga koja povećavanjem produktivnosti i stvaranjem životnog izobilja, vodi i komunističkoj „raspodeli" prema potrebama, i to ne samo egoističkim individualnim, već i solidarnim združenim naporima. Sva empirijska istraživanja pokazuju da kad lična zarada pojedinca zavisi ne samo od njegovog individualnog učinka, nego i od uspeha celog kolektiva, on postaje zainteresovan za što bolji rad i uslove rada svih članova radnog kolektiva, pa stoga i za što bolje uslove njihove, a ne samo sopstvene egzistencije. Rivalstvo ovde ustupa mesto saradnji, a sebičnost solidarnosti.

Podudarnost interesa i potreba je osnovna pretpostavka stvarne jednakosti jer su interesi i potrebe životna okosnica svake individue. Istinske društvene jednakosti individua ne može biti bez jednakog odnošenja jednih prema drugima, što je isključeno ako se njihove potrebe isključuju i ako jedni drugima nisu potrebni.

Objektivni izraz te uzajamnosti je i progresivni rast zajedničke potrošnje, kojim zapravo počinje komunistička „raspodela" prema potrebama. Kako ističe Frank H. Najt, „...*društvo u sve većoj meri nalazi da je potrebno ili korisno da reguliše sređivanje zadovoljavanja sopstvenih potreba pojedinca, da nametne životni standard zajednice*"[1], pre svega radi svoje sopstvene reprodukcije, zbog čega je u razvijenim industrijskim zemljama za finansiranje opštih potreba još šezdesetih godina XX veka izdvajana polovina preduzetničke dobiti[2].

Uspostavljanjem raspodele prema radu se, međutim, još ne uspostavlja ni potpuna društvena jednakost. Sve dok postoji društvena podela rada, jedni su unapred predodređeni da daju manji, a drugi veći

---

[1] Prilog u zborniku Teorije o društvu, sv. I, „Vuk Karadžić", Beograd, 1969, str. 437
[2] Vidi: Vladislav Milenković, isto, str. 74

doprinos. Fizički radnici ne mogu stvaranju nove vrednosti doprinositi koliko doprinose umni radnici, a i unutar svake grupe su nejednake mogućnosti zavisno od vrste poslova koji se obavljaju.

Društvene mogućnosti za pružanje jednakog individualnog doprinosa podrazumevaju potpunu slobodu rada, što pretpostavlja ukidanje društvene podele i samog proizvodnog rada kao neposredne delatnosti čoveka, ali tada utvrđivanje radnog doprinosa neće ni biti potrebno pošto će se sve bez ograničenja proizvoditi i koristiti prema životnim potrebama.

S obzirom da životnog izobilja i opšte slobode stvaralačkog rada nema bez potpune automatizacije proizvodnje, presudnu ulogu u ukidanju društvenih nejednakosti nema ni politička ni socijalno-ekonomska, nego naučno-tehnološka revolucija. Ali pošto se ona ne može odvijati bez socijalno-ekonomske i političke revolucije, ostvarenje totalne društvene jednakosti je stvar totalne društvene revolucije.

Društvena jednakost može, međutim, značiti samo jednake društvene mogućnosti jer stvarne jednakosti nisu ni moguće ni poželjne pošto bi značile ukidanje lične individualnosti i pretvaranje ljudskih individua u žive robote. Zato slobodno stvaralačko društvo može predstavljati samo zajednicu jednakosti u nejednakostima, kao jednakih mogućnosti slobodnog ispoljavanja individualnosti i različitosti svake ljudske jedinke.

Jednakost društvenih mogućnosti ostvariva je samo kao jednakost planetarnih mogućnosti jer su činioci prevazilaženja individualnih i nacionalnih nejednakosti isti. Zato je socijalistička revolucija, za razliku od nacionalnih buržoaskih revolucija, i po svojoj širini totalna i univerzalna - planetarna revolucija, zbog čega su teorijske rasprave o mogućnosti njene pobede u jednoj zemlji, bile naučno neutemeljene i površne jer je bilo površno i shvatanje njenog karaktera.

DRUŠTVENE JEDNAKOSTI I NEJEDNAKOSTI

Ekvivalentna razmena i raspodela, koja vodi ukidanju meduklasne, vodi istovremeno i ukidanju medunacionalne eksploatacije i nejednakosti. Preka potreba za tim u medunarodnim odnosima, izražena je 1974. godine Deklaracijom 6. specijalnog zasedanja Generalne skupštine Ujedinjenih nacija o uspostavljanju novog medunarodnog ekonomskog poretka zasnovanog na principima jednakosti i ravnopravnosti.

Osnovni uslov opšteplanetarne egalizacije je pretvaranje znanja, umesto kapitala, u osnovno i glavno sredstvo društvnne reprodukcije. Pošto se ne može monopolisati i centralizovati, znanje će biti dostupno svim stanovnicima planete, koji ga mogu koristiti kako hoće i koliko hoće. Ukoliko znanje postaje neposredni i svima dostupni izvor moći i bogatstva, svi postaju potencijalno jednako moćni i jednako bogati.

SLOBODA I ROPSTVO

Sloboda i ropstvo su relativni i korelativni pojmovi, koji su jedan bez drugog nepojmljivi. Oni nisu ni nešto što egzistira jedno pored drugog, već su samo različite, jedna u drugoj sadržane strane jednog te istog odnosa, pa se može govoriti samo o slobodi u ropstvu i o ropstvu u slobodi. Čovek stoga nije ni rob ni slobodnjak, već je istovremeno i jedno i drugo: rob u slobodi i slobodnjak u ropstvu. Totalna sloboda bila bi ravna totalnom ropstvu, a čovek bi i u jednom i u drugom stanju prestao biti čovekom.

To što čoveka čini čovekom, nije ostvarena sloboda, već ostvarivanje slobode, nikad nedovršeno i nezavršeno oslobađanje od ropstva. Sloboda je stvaralački proces neprekidnog savladavanja prepreka i slamanja otpora u oblikovanju i preoblikovanju postojećeg sveta prema ljudskim zamislima, težnjama i potrebama, što dovoljno govori koliko su ideološka propaganda o već ostvarenoj slobodi i zabrana svakog novog pokreta za dalje oslobađanje, predstavljali kontrarevolucionarni, antikomunistički i antigenerički čin komunističkih partija nakon osvajanja vlasti.

Takav čin zasnivao se na ideološkoj postavci da je glavni uzrok ljudskog ropstva u privatnoj svojini, te da će se njenim ukidanjem ukinuti i ropstvo. Ideološka zabluda o potpunom ostvarenju slobode proisticala je iz zablude o potpunom ukidanju privatnog vlasništva njegovom

115

nacionalizacijom. Sve komunističke partije su odmah po osvajanju političke vlasti proglasile da je slobodno komunističko društvo već ostvareno, i da ostaje samo još dogradnja njegove materijalno-tehničke baze, čime su se u gušenju slobodarskih težnji praktično izjednačile sa vladajućim partijama kapitalističkih zemalja koje su postojeće kapitalističko društvo proglasile slobodnim društvom.

Odmah se, međutim, pokazalo da je jedan oblik ropstva samo zamenjen nešto drugačijim oblikom ropstva. Radnik je dobio određenu ekonomsku i socijalnu sigurnost, koju mu je garantovala država, ali je izgubivši mogućnost da bira poslodavca i da se sa njime pogađa o visini najamnine, u suštini i dalje ostao u najamnom ropskom položaju.

Ako je osnovni smisao porobljavanja proizvođača u eksploataciji, ona nije ukinuta nego je privatnog poslodavca u ulozi eksploatatora, samo zamenila država. A pošto je tu funkciju faktički preuzela državna birokratija, klasno porobljavanje čoveka od strane čoveka je u suštini zadržano, bez obzira kako se prisvojeni višak proizvoda koristio. Umesto privatnog poslodavca, glavni isterivač viška proizvoda postala je birokratija, koja je s odlučujućom ulogom u njegovom raspolaganju preuzela odlučujuću ulogu i u raspolaganju eksploatisanim proizvođačem.

Pošto vladavina kapitala najamnim radom nije ukinuta, nije mogla biti ukiniita ni vladavina vlasnika kapitala najamnim radnikom. Diktatura koju državna birokratija, u ime radničke klase, sprovodi nad radničkom klasom, nije ni malo humanija od diktature koju sprovodi buržoazija. Zato su radnici u kvazisocijalističkim zemljama ostali gotovo ravnodušni prema otvorenom antikomunističkom zaokretu svojih komunističkih vlastodržaca, koji su oni u suštini izvršili odmah nakon preuzimanja vlasti.

Ali ni državna birokratija nije sasvim slobodna i bezbedna. S obzirom na hijerarhijsku organizaciju državnog aparata, ona je u protivrečnom položaju sluge i gospodara, predodređena da istovremeno služi višem, i gospodari nižim od sebe. Stoga je i svaki birokrata nezadovoljan pozicijom koju zauzima na birokratskoj lestvici, spreman da u svako doba promeni gospodara da bi se popeo za koje mesto više, jer su novac i lična karijera vrhunske vrednosti i osnovni smisao njegovog života. Ni njegova sloboda nije u zadovoljavanju onim što je već postigao u životu, već u stalnom uspinjanju, sve do samog nedostižnog vrha birokratskih Himalaja.

Državni aparat ne podnosi (ni u sebi ni izvan sebe) slobodarske ličnosti koje interese društvenog progresa stavljaju iznad sebičnih interesa, zbog čega je i u državnom socijalizmu brzo očišćen od takvih kadrova. U vreme staljinizacije Sovjetskog Saveza iz Komunističke partije odstranjeno je (a delom i fizički likvidirano) gotovo četiri petine preživelog kadra iz Revolucije koji je zauzimao odgovorne funkcije u državnom, partijskom i sindikalnom aparatu[1], a slične čistke vršene su i u drugim komunističkim partijama u periodu konstituisanja totalitarne etatističke vlasti.

U vladajući aparat regrutovan je uglavnom poslušnički, vlastoljubivi i slavoljubivi kadar, spreman da sve žrtvuje ličnoj karijeri. U funkciji potčinjavanja proizvođačkih i stvaralačkih masa, birokratija i sama mora biti podložna potčinjavanju. Ona ne može imati svoje podanike ako i sama nije u podaničkoj poziciji, i ne može se u tu funkciju uživljavati ako ne živi podanički.

Optužujući svoje neposlušnike za izdaju naroda i države, vladajuće komunističke partije su same stvarale potencijalne i potajne izdajnike. Najjače oružje protiv slobodarskog komunizma antikomunizam je dobio baš u birokratizovanim komunističkim partijama, koje su i same antislobodarski i antikomunistički nastrojene. A ono se pokazalo i najubojitijim u rušenju vladajućih komunističkih, u suštini antikomunističkih režima.

---

[1] Vidi: The Communist Party of the Soviet Union, Sghapiro, isto, str. 402-437; i Anna Louise Strong: The Stalin era, isto, str. 57-64

Živko Marković   VELIKA (SAMO)OBMANA

Bez socijalno-ekonomskog, nije moglo biti ni političkog oslobo-
đenja, kao što bez socijalno-ekonomske, nema ni političke revolucije.

Pod izgovorom zaštite od kontrarevolucije, vladajuće komunističke
partije su ukidale svaku slobodu političkog organizovanja i delovanja,
da bi pre svega zaštitile sopstveni politički monopol, čime su se i same
stavljale na stranu kontrarevolucije delujući kao podmukla i najopasni-
ja kontrarevolucionarna snaga.

Svaki politički monopol isključuje stvarnu demokratiju, bez ko-
je „...ne može biti ni slobode"[1]. Jedino „...kad narod uzme političku
vlast, sputavanje slobode naroda svedeno je na minimum...["2], što se
ne može nadomestiti narodnim predstavništvom u organima vlasti jer
„...čim jedan narod da sebi predstavnike, nije više slobodan"[3].

Obezvlašćivanje naroda je stoga isto što i njegovo porobljava-
nje, kojim se guše masovne slobodarske inicijative, a time i sama revo-
lucija jer su sve društvene revolucije masovne i slobodarske. Sve vla-
dajuće komunističke partije su, uprkos Marksovim pohvalama, igno-
risale demokratska iskustva Pariske komune, gušeći demokratske ini-
cijative u sopstvenim zemljama.

Umesto revolucionarne diktature proletarijata, uspostavljana je
kontrarevolucionarna diktatura proleterske partije nad samim proletari-
jatom, koja je izokretanjem demokratskog centralizma u birokratski
centralizam, praktično svođena na ličnu diktaturu partijskog vođe. Ti-
me je umesto oslobađanja vršeno novo porobljavanje proletarijata, i to
od strane njegovih sopstvenih vajnih oslobodilaca.

Socijalno-ekonomsko i političko porobljavanje nije se moglo vr-
šiti bez duhovnog porobljavanja. Partijske i državne vođe predstavljane

[1] Harold Laski, Sloboda u modernoj državi, „Radnička štampa", Beograd, 1985, str. 200
[2] Mahatma Gandi, Borba nenasiljem, „Komunist", Beograd, 1970, str. 138
[3] Žan Žak Ruso, Društveni ugovor, „Prosveta", Beograd, 1949, str. 75

su, poput srednjevekovnih crkvenih i državnih poglavara, kao ovoze-maljski spasitelji svojih podanika, kojima se moralo zaklinjati na vernost i odanost. Komunističko bezbožništvo zamenjivano je komunističkim pobožništvom jer su mesto svevišnjeg zauzimali komunistički svevišnjici, kojima se moralo verovati i u koje se moralo verovati. Pravi smisao zabrana višestranačkog i crkvenog delovanja bio je u obezbeđenju ideološkog monopola, po principu „nemoj imati drugih bogova osim mene jednoga". Staljinu je i ime zamenjivano velikim On, kako bi se svima stavilo do znanja da ne može biti drugih velikana.

Duhovna sloboda se sastojala u tome da se javno moglo misliti kao što duhovni vođa misli, što znači da su svi morali misliti isto ili da niko, sem jednoga, nije morao misliti ništa. To je sistem duhovnih robota, koji se konfekcijskim mislima napajaju iz istog izvora, misleći tuđom, da ne bi mislili sopstvenom glavom. Priručni kanončić „Kratki kurs SKP(b)" (Sovjetske komunističke partije - boljševika) učio se napamet i bez razmišljanja, kao što se uči očenaš.

Ali ni duhovni oci nisu u takvom sistemu mogli misliti slobodno. Da bi se mogle slediti, njihove misli su se morale zalediti i u nepromenljive dogme pretvoriti, bez čega sistem robotničkog mišljenja ne bi mogao funkcionisati, niti bi se sistem robskog podaništva mogao održavati. Staljin je tek pri kraju života bio prinuđen da donekle odstupi od svojih dogmi, kojima je godinama i decenijama okivano javno mišljenje.

Okivanje mišljenja je najpogubniji čin kontrarevolucije, koji u suštini znači okivanje ljudskog delovanja, čija je suština upravo u samom mišljenju, pa je i sloboda delovanja pre svega u slobodi mišljenja. Osnovni smisao sputavanja slobode mišljenja, i jeste u sputavanju revolucionarnog delovanja, u čemu vladajuće komunističke partije ni malo nisu zaostajale za drugim kontrarevolucionarnim snagama jer čim su postale vladajućim, one su samim tim prestajale biti revolucionarnim.

119

Živko Marković   VELIKA (SAMO)OBMANA

Ako je sloboda mišljenja i delovanja suštastveno obeležje ljud-
skog roda, njeno sputavanje je ubijanje samog generičkog bića čoveka,
što je najveći zločin prema čovečanstvu. U tome je i krajnji uzrok
ekonomskog i političkog kraha totalitarnog etatizma, kojim je zarad se-
bičnih interesa šačice obesnih vlastodržaca, zaustavljan razvoj celog
društva.

Osvajanjem vlasti komunističke partije nisu odolele iskušenjima
vladajućih klasa da svoje slobode ostvaruju porobljavanjem proizvo-
đačkih klasa. Ali to što je neizbežna nužnost proizvođačkog, neizbežno
postaje anahronizam stvaralačkog društva, koje je stvaralačko upravo
zato što podrazumeva opštu slobodu stvaranja. Ako takvu slobodu nisu
mogle odmah uspostaviti, komunističke partije su morale nastaviti bor-
bu za njeno ostvarivanje da bi ostale verne proklamovanim idealima.

Proizvođačko društvo je poluropsko i poluslobodno jer pred-
stavlja prelaz iz carstva prirodne nužnosti u carstvo ljudske slobode.
Čovek se oslobađa ropske zavisnosti od prirode ukoliko sam proizvo-
di sredstva svoje egzistencije, ali robuje sopstvenim fiziološkim potre-
bama ukoliko svoju životnu energiju troši na njihovo zadovoljavanje,
koje nije stvar slobodnog izbora već prirodne nužde.

Od robovanja sopstvenim fiziološkim potrebama može se u pro-
izvođačkom društvu osloboditi samo porobljavanjem drugih ljudi, nji-
hovim uprezanjem u jaram klasne eksploatacije, koja je stoga postala
nezaobilazni put društvenog progresa. Da bi se jedni oslobodili, drugi
su morali biti porobljeni, da bi jedan deo društva živeo u slobodi, dru-
gi deo je morao robovati, proizvodeći i za sebe i za druge, s obzirom
da je proizvodni rad i sam po sebi ropska ili poluropska delatnost koja
se iz prirodne nužde obavlja.

Stoga se celo oslobađanje proizvođačkog društva od robovanja
prirodi odvija kroz neprekidno robovanje samom sebi. *„Nije slučajno*

120

ni to što su svi prvi veliki koraci ka civilizaciji učinjeni pod despotskim i teokratskim vladavinama, kao što su bile vlade u Egiptu, Vavilonu i Peruu, gde je vrhovni gospodar u dvostrukom svojstvu kralja i boga polagao i uživao pravo na ropsku odanost svojih podanika; gotovo bi se moglo reći da je u ranoj epohi despotizam najbolji prijatelj čovečanstva i, ma kako paradoksalno to izgledalo, slobode[1].

Klasno porobljavanje proističe iz same ropske prirode proizvodnog rada, kojim se kao pretežno fizičkom delatnošću, mora spolja upravljati. Samo se time može objasniti da šačica malobrojnih eksploatatora vekovima drži u pokornosti ogromnu masu eksploatisanih proizvođača, što ne bi bilo moguće da podela na proizvođače i upravljače nije u samoj prirodi proizvođačkog društva.

Zato su proizvođačke klase osuđene na društveno porobljavanje, kojeg se ne mogu osloboditi dok se ne oslobode od samog proizvodnog rada, niti je robovanje ljudi jednih drugima moguće ukinuti bez ukidanja njihove proizvodne delatnosti. Ali do toga nikada ne bi došlo da težnja za oslobađanjem od proizvodnog rada kao fizičke delatnosti, nije u prirodi ljudskog bića i da ne predstavlja neizostavni uslov njegovog razvića i samog opstanka.

Ta težnja ispoljava se kroz uporna nastojanja da se zamenom ljudske energije mehaničkom energijom proizvodnja automatizuje, a produktivnost ljudskog rada podigne na što viši nivo. Pozitivni rezultat je stalno povećavanje društvenog blagostanja, slobodnog vremena, slobodnog stvaralaštva i broja slobodnih stvaralaca oslobođenih od preokupacije fiziološkom egzistencijom.

Nije, prema tome, politička, nego naučno-tehnološka revolucija odlučujući činilac opšteg oslobođenja rada i radnika, koje se ne može izvršiti ponovnim spajanjem fizičkog i umnog rada, nego jedino potpunom

---

[1] Dž.Dž. Frejzer, Zlatna grana, izd. BIGZ iz 1977, str. 60

zamenom fizičkog umnim, i proizvodnog stvaralačkim radom. Radi toga se automatizuju ne samo proizvodne, već i rutinske neproizvodne delatnosti, da bi se ljudski rad sveo na čisto stvaralačku delatnost, što u suštini zapravo i treba da bude.

Tehnološkim oslobađanjem rada uslovljeno je i socijalno-ekonomsko oslobađanje radnika. Socijalno-ekonomsko porobljavanje zasniva se na otuđivanju i prisvajanju opredmećenog proizvodnog rada, dok se živi stvaralački rad, kao samosvrsishodna generička delatnost čoveka ne može otuđivati i prisvajati. Kao rezultat otuđivanja opredmećenog proizvodnog rada, privatna svojina se, međutim, istovremeno javlja kao ekonomska osnova, i slobode i ropstva, i oslobađanja i porobljavanja.

Za eksploatisanog proizvođača, privatna svojina je, kao sredstvo i rezultat eksploatacije, osnova klasnog ropstva, dok je za eksploatatora, osnova društvene slobode. Ako je „...*ideja privatne svojine postala nešto sveto, što se više ili manje izjednačava sa slobodom...*"[1], to samo po sebi podrazumeva da je društvo zasnovano na svojinskim odnosima, podeljeno na slobodne koji svojinu imaju, i neslobodne koji je nemaju.

Ali apsolutne slobode nema ni za eksploatatore, kao što za eksploatisane nema apsolutnog ropstva. „*Gospodar je u bezbroj slučajeva rob svojih robova...*"[2], jer se jedino „...*preko roba odnosi prema stvari*"[3]. U proizvođačkom društvu suvereni gospodar nije ni proizvođač ni vlasnik proizvoda, već sam proizvod, čija reprodukcija određuje osnovne uslove života i rada svih i svakoga, pa „...*telesna stvar vlada pojedincima, radnom snagom, samim društvom, postaje vrhovni društveni autoritet i regulator rada, zakon po kome se društvo snabdeva i*

---

[1] Erih From, Revolucija nade, „Grafos", Beograd, 1978, str. 162

[2] Georg Zimer, prilog u zborniku Teorije o društvu, isto, sv. I, str. 520

[3] Navod Hegela, Dr Bogdan Šešić, Nužnost i sloboda, „Kultura", Beograd, 1963, str. 74

razmnožava"[1] Zato, kako kaže From, stvarni "...*subjekt nisam ja, već ono što imam...*" jer "...*moje vlasništvo konstituira mene i moj identitet*"[2].

U razvojnom zenitu proizvođačkog društva njegova suština sasvim izbija na videlo kada kapital, kao do kraja dovedeno opredmećenje proizvodnog rada, ne samo što pretvara u poslušne robote, nego jednog za drugim uništava i proizvođače i svoje vlasnike, jer ukidanjem proizvodnog rada automatski ukida i njegovo opredmećenje u privatnoj svojini. Iako maglovito, Hilferding tačno ukazuje na izvesne indikacije tog procesa kad piše da "...*mobilizovanje kapitala pretvara u sve većoj meri kapitalističku svojinu u uputnice na prinos i usled toga čini kapitalistički proces proizvodnje u sve većem obimu nezavisnim od kretanja kapitalističke svojine*"[3].

Institucionalizovanjem opšte privatizacije vlasništva, buržoaska revolucija je učinila sudbonosni korak u pravcu ukidanja svojinskog monopola, a time i opšteg oslobođenja društva. Već je i samo pravo na slobodno raspolaganje sopstvenom radnom snagom, značilo krupan korak u tom pravcu, a razvijanjem zadrugarstva i narodnog akcionarstva ostvaraje se socijalistička ideja i o slobodnom raspolaganju sredstvima i rezultatima sopstvenog rada. Uprkos tome, vladajuće komunističke partije su odbacivanjem izvornog zadrugarstva i akcionarstva, nespojivih sa njihovom etatističkom opsesijom, bestidno gušile slobodarske težnje radničke klase, čijim su se jedinim oslobodiocem predstavljale.

Ukoliko je pri ograničenim proizvodnim mogućnostima, vlasništvo neizostavni uslov ljudske slobode, ni sloboda radničke klase ne može se ostvarivati njegovom etatizacijom, već demokratizacijom svojinskih odnosa. Put društvenog oslobađanja poroblenih proizvođačkih

---

[1] Karl Rener, cit. rad, str. 165
[2] Erih From, Imati ili biti?, „Naprijed", Zagreb, 1979, str. 115-116
[3] Rudolf Hilferding, Finansijski kapital, „Kultura", Beograd, 1958, str. 168

klasa nije u opštem obezvlašćivanju i siromašenju, nego u opštem ovlašćivanju i bogaćenju, na osnovama prisvajanja sopstvenog, umesto prisvajanja tuđeg rada. Društvena sloboda nije u birokratskom zbrinjavanju, već u samozbrinjavanju radnih ljudi, koji sopstvenim radom obezbeđuju svoju slobodu.

Pošto su oslobođenje radničke klase proglasile završenim, komunističke partije su nakon osvajanja vlasti stavile *ad acta* marksističku maksimu da je ono delo same radničke klase, koju su time stavile u stanje prinudnog mirovanja, ili (što je isto) ponovnog društvenog robovanja. Ako je ljudska sloboda u samom oslobađanju, ili savladavanju prepreka u ostvarivanju ljudskih želja, onda je oduzimanje te mogućnosti, oduzimanje same slobode.

Sve dok su proizvodne mogućnosti čoveka ograničene, što će neizbežno biti dok je sam čovek neposredna proizvodna snaga, eksploatacija se, kao osnova klasnog robovanja, ne može ukinuti nikakvim političkim aktom. Političkim delovanjem može se samo ubrzavati njeno ukidanje pod uslovom da sami udruženi proizvođači preuzmu upravljanje društvenom reprodukcijom, i međusobne odnose urede na zadružnim principima tako da u raspodeli novostvorene vrednosti i raspolaganju zajedničkim sredstvima svako sudeluje srazmemo doprinosu njihovom stvaranju.

Prigovori i izgovori da je samoupravljanje ostvarivo samo u primitivnim i nerazvijenim sredinama, nemaju čvrstih uporišta u stvarnosti. Radnička participacija, zadrugarstvo i lokalna samouprava pojavili su se i razvili u jeku industrijalizacije, a sva istraživanja pokazuju da automatizacija, ne samo što omogućava nego i kategorički zahteva suštinsku demokratizaciju svojinskih odnosa i upravljanja proizvodnim i ukupnim tokovima društvene reprodukcije. Uprkos tome, vladajuće komunističke partije su se radi očuvanja monopola sopstvene vladavine, odlučno suprotstavljale slobodnim inicijativama za razvijanje samoupravljanja i suštinske demokratizacije društva, suprotstavljajući se time ne samo ostvarivanju izvornih marksističkih ideja o samooslobođenju radničke klase, već i ukupnom društvenom progresu.

Čim su se komunističke partije prestale boriti za slobodu, prestala je i njihova borba za društveni progres jer je oslobađanje čoveka i čovečanstva od prirodnih stega i sopstvenih okova okosnica društvenog progresa. Borba za očuvanje ekonomskog i političkog monopola u potpunosti je zamenila revolucionarnu borbu za progresivne ideje i društvene ideale jer je sama vlast postala glavna ideja vodilja i najviši ideal. Izrasle kroz odvažnu slobodarsku borbu protiv autokratske vlasti i socijalnog porobljavanja, komunističke partije su dolaskom na vlast postale bedni zarobljenici sopstvenog vlastoljublja.

U borbi za očuvanje osvojene vlasti, komunističke partije nisu birale sredstva, ne prezajući ni od korenite revizije izvornih postavki marksizma i licemernog prikrivanja autokratske vladavine liberalističkim i kvazidemokratskim varkama i zavaravanjima. Umesto nastavljanja revolucije, one su se srozale na pozicije socijal-reformizma, sprovodeći (pod pritiskom progresivnih tendencija i kriznih situacija) polovične ekonomske i društvene reforme, kojima su najčešće menjane samo forme birokratsko-etatističke vladavine.

Odbačena je i ključna postavka marksizma o prelaznom periodu (socijalizmu) kao revolucionarnoj diktaturi proletarijata, koja, sem u Pariskoj komuni, nigde nije ni primenjena, nego je umesto toga uspostavljana kontrarevolucionarna diktatura birokratizovane proleterske partije i njenog autoritarnog vođe. Komunistička partija Sovjetskog Saveza je, zajedno sa svojim satelitima, i takvu nazovi diktaturu proletarijata proglasila završenom sa likvidacijom nacionalne buržoazije, zamenivši je samo nominalno opštenarodnom državom jer je u suštini zadržala sopstvenu diktaturu.

125

Živko Marković   VELIKA (SAMO)OBMANA

Izraz „revolucionarna diktatura proletarijata" mogao je imati
samo funkcionalno značenje u smislu ostvarivanja istorijskih ciljeva i
klasnih interesa proletarijata, koji se mogu ostvariti jedino kroz ne-
posrednu vlast celog naroda, pošto, po zamisli osnivača revolucio-
narnog komunizma, proletarijat ne može osloboditi sebe a da ne oslo-
bodi celo društvo. I Marks i Lenjin su diktaturu proletarijata zamišljali
upravo kao neposrednu vlast celog naroda[1], i ne pomišljajući na bilo
kakvo posredovanje.

Da bi prikrile sopstvenu diktaturu, komunističke partije su se od-
lučile na demagoško odbacivanje svake diktature, odbacujući time i sa-
mu demokratiju, koja je, po Lenjinovoj definiciji, takođe, na silu oslo-
njena „...vladavina jednog dela stanovništva nad njegovim drugim de-
lom...", kako se inače definiše diktatura[2]. Demokratija bez diktature
značila bi svoju sopstvenu negaciju, ili vlast naroda bez vlasti, a vlada-
juće komunističke partije su htele samo vlast naroda bez naroda, izjed-
načavajući se time u suštini sa buržoaskim partijama.

Za razliku od buržoaske demokratije, koja u suštini znači dikta-
turu eksploatatorske manjine nad eksploatisanom većinom, socijalis-
tička demokratija, po zamisli klasika marksizma, uključujući i Lenjina,
treba da predstavlja diktaturu eksploatisane većine nad eksploatator-
skom manjinom radi ukidanja same eksploatacije, Ona, prema tome,
ne treba da znači nekakvo uzvratno porobljavanje manjine od strane
većine, već samo oslobađanje eksploatisaine većine od robovanja eks-
ploatatorskoj manjini, bez obzira ko je u poziciji eksploatatora.

Pošto je se sa nacionalizacijom privatnog kapitala, u poziciji eks-
ploatatora i porobljivača umesto buržoazije našla birokratija, diktatu-
ra eksploatisanih masa je se odmah morala okrenuti prema birokratiji,

---
[1] Vidi: Marksov „Građanski rat u Francuskoj" i Lenjinovu „Državu i revoluciju"
[2] Sočinjenija, isto, izd.IV, tom 23, str. 57 i 47

126

što je bilo moguće jedino da je ona uspostavljanjem neposredne vlasti naroda lišena monopola državrnog nasilja, kao glavnog sredstva vladavine. Ta mogućnost je postojala da su komunističke partije ostale uz eksploatisane mase i da se monopolisanjem vlasti nisu i same pretvorile u njihovog ugnjetača i eksploatatora.

Svaka diktatura kao oblik društvene vladavine, podrazumeva nekakav centralizam u donošenju i sprovođenju društvenih odluka: autokratski ili birokratski kod autokratskih, a demokratski kod demokratskih oblika vladavine. Prvi se sastoji u tome da odluke donose pojedinci ili manjina, a sprovodi ih većina, a drugi da ih svi donose i svi sprovode.

Demokratski način odlučivanja ne isključuje opštu saglasnost (konsenzus), koja se, međutim, u uslovima slojevitog proizvođačkog društva javlja uglavnom kao izuzetak. Zbog toga birokratija radije prihvata konsenzus nego većinsko odlučivanje, da bi kao jača strana, bila u poziciji da nameće svoje stavove ili arbitrira kad se saglasnost ne može postići. Iz istog razloga se i u međunarodnim organizacijama češće primenjuje konsenzus, preko kojeg velike sile ostvaruju „demokratsku" dominaciju nad slabijim od sebe. To pokazuje da apsolutizovanje demokratskih principa vodi u uslovima još neprevaziđenih klasnih suprotnosti, pretvaranju demokratije u autokratiju ili anarhiju, između kojih nema apsolutne granice.

U proizvođačkom društvu društvena sloboda je srazmerna proizvodnoj moći, kojom je kao osnova slobode određena i društvena moć. A pošto je proizvodna moć u osnovi određena svojinskim odnosima prema sredstvima proizvodnje, svojinski status je ključno odredište stvarne slobode, pa ko je imućniji, taj je moćniji i slobodniji, ko više ima, više i može da svoje želje i zamisli ostvaruje.

Zbog toga se sloboda otuđuje i prisvaja kao što se otuđuje i prisvaja svojina, daje i kupuje kao bilo koja roba. I kao što se jedni bogate na račun drugih, tako jedni na račun drugih stiču slobodu; sloboda jednih zasniva se na robovanju drugih. U svakom slučaju, slobode ima koliko ima proizvodnje, i koliko je ograničena jedna, toliko je ograničena i druga, zbog čega se i jedna i druga raspodeljuju, prema svojinskom monopolu na proizvodnim sredstvima. Ukoliko se sa raspodele prema svojinskom monopolu prelazi na raspodelu i prisvajanje prema radu, stvar se menja utoliko što se raspodela, i svojine i slobode, vrši ravnopravnim sporazumevanjem umesto monopolskim arbitriranjem. Sada porobljeni najamni radnici dolaze u poziciju poluslobodnih udruženih proizvođača, koji zajednički određuju svoj udeo u zajedničkom proizvodu, a time i granice svoje slobode, ali na osnovu individualnog doprinosa kao ključnog odredišta individualne slobode.

Puna društvena sloboda ostvariva je tek na osnovama potpuno slobodnog stvaralačkog rada, oslobođenog proizvođačke brige za fiziološku egzistenciju stvaraoca. Tek se univerzalizacijom slobodnog stvaralaštva brišu međusobna ograničenja individualnih sloboda jer nema ograničenja u korišćenju znanja kao osnovnog reprodukcionog sredstva slobodnog stvaralštva. Dok se prinudni proizvodni rad, zbog ograničenih proizvodnih mogućnosti, usmerava na egoističko ostvarivanje slobode samo za sebe, slobodni stvaralački rad je, po svojoj prirodi, usmeren na ostvarivanje opštedruštvene slobode za sve i svakoga, odakle zapravo i proističe njegova progresivnost i revolucionarnost.

Zato radikalnog pomeranja granica ljudske slobode nema bez naučno-tehnološke revolucije, u čijoj funkciji moraju biti i socijalnoekonomska i politička revolucija, da bi delovale revolucionarno i oslobodilački. Kao totalni radikalni preokret, drugačija ne može biti ni socijalistička revolucija, koja zapravo treba da rezultira opštim oslobođenjem čoveka i čovečanstva, da bi sve društvene slobode, bez ograničenja mogla uživati svaka ljudska individua.

IDEOLOGIJA I NAUKA

*M*arksizam je pretendovao da bude nauka i revolucionarna ideologija proletarijata, što je i bio dok se držao objektivnih zakonitosti i stvarnih interesa radničke klase. Sve dotle on je predstavljao živu misao koja je privlačila, stvarala i pokretala progresivne i revolucionarne snage sveta, a čim je počeo da odstupa od tih orijentira, on se pretvorio u mrtvu dogmu, odbojnu i neprihvatljivu za te iste snage. Klasnu pozadinu takve transformacije predstavljalo je pretvaranje proleterske revolucije u birokratsku kontrarevoluciju,ali njeni ideološki koreni nalaze se već u izvornim zamislima marksizma.

Marks i Engels spadaju u red najtemeljitijih istraživača i najvećih naučnih umova sveta. Njihova naučna otkrića predstavljaju nesumnjivo najveći individualni doprinos društvenim naukama, o čemu svedoči i činjenica da nijedna revolucionarna misao nije toliko potresla svet kao njihova. Ali kao što redovno biva u životu, ljudske strasti ne prate nego predvode ljudsku misao.

Po naučnu objektivnost osnivača marksizma bila je fatalna njihova revolucionarna strast sa kojom su pristupali osnivanju i usmeravanju komunističkog pokreta. Svu svoju teoriju podredili su revolucionarnoj praksi, ubeđeni da će revolucionarnu strast pratiti i revolucionarna misao, ali je preterano revolucionarna strast, i revolucionarnu

129

misao i revolucionarnu praksu odvela u kontrarevolucionarne vode, kao što preterano strasna ljubav često odvodi u mržnju. Neodoljiva težnja da do proleterske revolucije dođe što pre i po svaku cenu, skrenula je objektivnu naučnu misao u subjektivne ideološke spekulacije da bi se racionalizovale revolucionarnim strastima vođene političke špekulacije.

Ideološka racionalizacija oružane rušilačke revolucije proistekla je iz odsustva objektivnih okolnosti za naučno sagledavanje mogućnosti mirne stvaralačke revolucije. „Manifest Komunističke partije", kojim su definisani ciljevi i putevi revolucionarnog komunističkog pokreta, pisan je u vreme maksimalne eksploatacije proletarijata preko isterivanja apsolutnog viška vrednosti, kada je šesnaestočasovni radni dan apsorbvao celokupnu životnu energiju radnika. Očekivalo se da će međusobna konkurencija terati vlasnike kapitala na sve intenzivniju eksploataciju radnika, koji će zbog toga biti primorani na oružanu pobunu. To se zaista i desilo, ali u industrijski nerazvijenim zemljama, gde je ekonomski slabašna nacionalna buržoazija jedini izlaz u bezobzirnoj međunarodnoj konkurenciji nalazila u maksimalnoj eksploataciji.

U razvijenim industrijskim zemljama preokret je donela naučnotehnološka revolucija, koja je omogućila da se u kapitalističku konkurenciju umesto povećavanja eksploatacije radnika, sve više ulazi povećavanjem produktivnosti rada. Samim tim omogućeno je i da se skraćivanjem radnog vremena i razvijanjem naučne organizacije rada smanjuje fizičko iscrpljivanje, a povećavaju zarade najamnog radnika.

To je odlučujuće uticalo na podrivanje revolucionarne ideologije i političko raslojavanje radničkog, pa i samog komunističkog pokreta. Nauka je se time osvetila nenaučnoj komunističkoj ideologiji, koju njeni osnivači nisu stigli da koriguju jer su kasno uvideli svoju zabludu. Ona je, međutim, odgovarala određenim okolnostima i određenim snagama komunističkog pokreta, zbog čega je njen životni vek produžen,

130

ali uz veliki rizik od još većih zastranjivanja, do kojih je sa pogubnim posledicama zaista i došlo.

Zaputivanje u revolucionarni avanturizam vršeno je uz ideološko zaokretanje iz materijalističkog determinizma u idealistički voluntarizam. Prvim je dokazivana istorijska neminovnost, a drugim transcendentalna proizvoljnost proleterske revolucije, koju bi trebalo izazvati čarobnim spajanjem filozofije i proletarijata. Pošto se objektivna naučno-tehnološka i socijalno-ekonomska neminovnost još nije nazirala, izlaz je tražen u političkom avanturizmu uz polaganje istorijski neutemeljene nade u zaoštravanje klasne borbe.

Transcendentalni voluntarizam, na kojem se zasnivao naučno neutemeljeni ideološki optimizam, postao je koban po sudbinu proleterske revolucije jer je odgovarao jedino proleterskoj birokratiji, čija se vladavina celo vreme i zasnivala na političkom voluntarizmu. Volja komunističkog mesije koji sam usmerava tokove društvene reprodukcije, usrećuje i unesrećuje sve odreda, postala je vrhovni državni i društveni zakon, kojim se stavljaju van snage svi drugi zakoni.

Ukidanjem tržišne razmene i negiranjem ekonomskih zakona, uz ideološki oslonac na Marksovo predviđanje o ukidanju robne proizvodnje, stavljani su van snage svi društveni zakoni, koji se u proizvodačkom društvu zasnivaju upravo na ekonomskim zakonitostima. Ništa nije smetalo ni što je Marks ukidanje robne razmene predviđao kao **rezultat** prelaznog perioda od kapitalizma ka komunizmu, u kojem "...*vlada isti princip koji regulira razmjenu robe...*" i gde je stoga „...*jednako pravo još uvijek u principu buržoasko pravo...*"[1], što se nije slagalo s etatističkom proklamacijom o konačnom uspostavljanju socijalizma samom nacionalizacijom privatnog vlasništva.

Komunistička birokratija je svoju vladajuću ideologiju gradila samo na ideološkim devijacijama izvornog marksizma, usvajajući ono

---

[1] Vidi „Kritiku Gotskog programa", Dela, isto, tom 30

Živko Marković VELIKA (SAMO)OBMANA

što je u njemu metafizičko, a odbacujući sve što je dijalektičko. Najkorenitiju reviziju marksizma nije izvršio ozloglašeni revizionista i samooglašeni kontrarevolucionar Bernštajn, već naveliko hvaljeni marksista i samohvalisavi revolucionar Staljin, koji je Marksa bezobzirno zloupotrebljavao za prikrivanje svojih antimarksističkih shvatanja i kontrarevolucionarnog delovanja.

Dok je Bernštajn s odbacivanjem revolucije, otvoreno odbacivao i dijalektiku, veliki metafizičar Staljin je spajanjem pojedinih nespojivih postavki izvornog marksizma, izigravao većeg dijalektičara i od samog Marksa. Uz otvoreno negiranje svih protivrečnosti socijalizma, nije bilo mesta za dijalektiku, koju je staljinizam zajedno sa svim tekovinama klasnog društva, brižljivo smestio u muzej istorijskih starina.

Odbacujući dijalektiku, staljinizam je ceo razvoj komunističkog društva sveo na izgradnju njegove materijalno-tehničke baze, nalazeći ideološku potporu u metafizičkom tumačenju izvorne postavke marksizma da način proizvodnje materijalnog života uslovljava proces socijalnog, političkog i duhovnog života uopšte. Time je stavljena tačka na društveni razvoj, bez kojeg se ni materijalno-tehnička baza ne može razvijati.

Istočnjački komunizam je se na taj način ideološki izjednačio sa zapadnjačkim antikomunizmom, koji je kontrirajućim proglašavanjem slobodnog društva, proglasio kraj istorije. U odbrani monopolističke vladavine kapitala, komunizam i antikomunizam su se našli na istim odbrambenim pozicijama protiv društvenog progresa, koji je došao u nepodnošljivu koliziju sa takvom vladavinom. Slobodno i komunističko društvo poslužili su, i na jednoj i na drugoj strani, samo kao ideološka maska za prikrivanje postojećeg društva kapitala.

Proglašavanjem izgradnje materijalno-tehničke baze komunizma za osnovni cilj svoje (anti)komunističke vladavine, komunistička birokratija je komunizam faktički svodila na državni socijalizam, čiju je

132

kapitalističku suštinu sasvim razgolitila pošto je celokupnu reprodukciju društva podredila reprodukciji mrtvog kapitala, ne postavljajući za krajnji cilj živi, već opredmećeni rad, pa ni ostvarenje suštine slobodnog, nego najamnog radnika. Pozivanjem na udarničko stvaranje materijalno-tetničke baze, uvećavanje otuđenog državnog kapitala izdavano je i zadavano za osnovni smisao rada i života.

Ukoliko je društveni razvaj svođen na izgradnju materijalno-tehničke baze, i njegovo usmeravanje je svođeno na voluntarističko planiranje materijalnih, i pre svega naturalnih pokazatelja. U voluntarističkoj politici birokratije gubili su se objektivni i suštastveni kriterijumi društvenog razvoja, za koji ona nije ni bila zainteresovana jer bi podrivao njene društvene pozicije.

Pošto je ignorisano delovanje ekonomskih zakona, društveno planiranje se nije sastojalo u objektivnom i naučno zasnovanom usklađivanju reprodukcionih tokova i činilaca, već u proizvoljnom i poželjnom povećavanju bruto proizvoda „od dosegnutog nivoa" u prethodnom planskom periodu[1]. Time je stvaran ideološki privid o društvenoj svemoći birokratije kao da od njene dobre volje zavisi sudbina društva i dinamika njegovog razvoja, pa planiranje nije bilo stvar ekonomskih analiza, predračuna i proračuna, nego političkih dekreta.

Koliko je komunistička birokratija, umišljajući sopstvenu svemoć, ignorisala objektivne zakonitosti, najbolje svedoči avanturistička politika kineske kulturne revolucije i velikog skoka, a na račun voluntarističke osionosti sovjetske birokratije ponikli su i brojni vicevi poput onog emitovanog preko Erevanskog radija, koji na pitanje šta je Hruščov nije stigao da uradi, odgovara kako nije stigao da sastavi pod sa tavanicom, da orden Lenjina dodeli caru Nikolaju II i da kukuruz zaseje na Severnom polu.

---

[1] Vidi: M.S. Gorbačov, cit. rad, str. 46

Ignorisanje ekonomskih zakona najpogubnije je uticalo na samu ekonomiju, od koje je upravo izgradnja materijalno-tehničke baze najviše zavisila. Političke ambicije da Sovjetski Savez stigne i prestigne Sjedinjene Američke Države u društvenoj produktivnosti rada, predstavljale su, na osnovama ekonomskog voluntarizma, puku iluziju i neostvarivi san.

Ali ekonomski voluntarizam je u samoj prirodi totalitarnog etatizma, koji isključuje delovanje ekonomskih zakona, zbog čega ekonomske kriterijume zamenjuje političkim, a naučne ideološkim. Totalitarna državna ekonomija je u suštini kvaziekonomski, unitaristički i naturalistički oblik privređivanja jer se zasniva na unitarnom državnom vlasništvu, koje isključuje ekonomske odnose različitih privrednih subjekata pošto država sa svojinskim subjektivitetom monopoliše i sav ekonomski subjektivitet.

Zbog toga su sve totalitarnie državne zajednice poslovale po troškovnom principu, a drugačije nisu ni mogle poslovati pošto se iz državnog centra može manipulisati samo reprodukcionim troškovima, kojim se meri i uspešnost poslovanja, zbog čega se „...*često upotrebljavaju skupi materijali, nabija težina strojeva, dopisuje broj tona i kilometara, napuhuje unutarprivredni obrt, itd*"[1]. Praćenje ekonomskih pokazatelja produktivnosti, ekonomičnosti i rentabilnosti bilo je stoga bespredmetno i praktično nemoguće.

Umesto povećavanja i unapređivanja proizvodnje, takav sistem privređivanja podsticao je na povećavanje troškova poslovanja i lažno prikazivanje poslovnih rezultata. Nerešivi problem bila je sistemska i sistematska zainteresovanost privrednih subjekata za utvrđivanje što nižih proizvodnih planova da bi se ostvario što veći prebačaj, koji je donosio državne beneficije i napredovanja u struci i političkoj karijeri.

---

[1] Isto, str. 59

Nedostatak ekonomske motivacije morao je biti nadomeštan moralno-političkim podsticanjem, koje je zahtevalo sistematsku državno-partijsku kontrolu i basnoslovnu ideološko-političku agitaciju i propagandu, iza kojih je morao stajati ogroman državno-partijski aparat sa neizmernom i nemerljivom cenom koštanja, prikrivanom i opravdavanom lažnim parolama o efikasnosti i racionalnosti državnog privređivanja.

Umesto adekvatno vrednovanih i visoko cenjenih pronalazača, novatora i racionalizatora, na ceni i javnoj sceni bili su subotnici i udarnici nagrađivani udarničkim značkama, bezvrednim zahvalnicama, političkim priznanjima i lažnim obećanjima.

Privreda je time stavljana u sudbinsku zavisnost od politike i političke svesti privrednika, koju je trebalo stalno održavati i podržavati da bi se kako tako proizvodilo i privređivalo. Praktična primena metafizičke teze da ekonomska baza određuje društvenu svest, morala je biti nadopunjena i primenom sasvim suprotne ekstremističke teze da društvena svest određuje ekonomsku bazu, ali na obostranu štetu i ekonomske baze i društvene svesti.

Na toj ideološkoj klackalici najviše je stradala nauka, koja je u neravnopravnoj konkurenciji s ideologijom reducirana sabijanjem u okvire ideoloških dogmi ili izokretanjem u golu apologetiku. Pod okriljem vladajuće etatističke ideologije, ona je pretvarana u pokornu poslušnicu dnevne politike, kojoj se morala u potpunosti povinovati, ne samo zbog rigorozne kontrole i bespoštedne cenzure, već pre svega zbog toga što je u celosti bila na državnim jaslama.

Ne radi se o tome da nauka nije davala ili da nije mogla davati odgovore na aktuelna društvena pitanja, već, naprotiv, o tome što je nudila, ili je mogla nuditi za birokratiju neugodna rešenja, koja su dovodila ili bi mogla dovoditi u pitanje njenu vladavinu. Interesi komunističke vladavine nisu bili u manjoj, ako nisu bili i u većoj koliziji sa naukom nego interesi bilo kojih drugih vladajućih struktura zainteresovanih za monopolizaciju državne vlasti.

Komunistička birokratija je, kao i svaka druga, podržavala samo onu nauku koja je njoj odgovarala, ali je prostor za takvu nauku sve više sužavan što je birokratska vladavina više dolazila u koliziju sa društvenim progresom. Polovične reforme kojima je birokratska vladavina ublažavana, nisu bile dovoljne da se ideološki okovi nauke raskinu.

Da bi sačuvala vladajuću poziciju, birokratija je slobodni razvoj naučne misli gušila u samom korenu. Od kolevke pa do groba nad ljudskim bićima je vršen ideološki genocid kojim je u njima ubijan kritički duh, bez kojeg nema ni prave nauke ni ljudskog progresa. Doduše, kritikovati se do mile volje moglo, ali samo ono i onako što i kako vladajuća elita, i u krajnjoj liniji, duhovni vrhovnik kritikuje. Svako odstupanje je žigosano, pa i najstrože kažnjavano, u zavisnosti od toga koliko oholim vlastodršcima može nauditi.

Celokupno vaspitanje i obrazovanje indoktrinatorski je usmeravano na nekritičko prihvatanje svega što su službeni vaspitači i prosvetitelji propovedali. A propovedati se smelo samo ono što su duhovni vođa i njegovi verni sledbenici propovedali. Škola je pretvarana u ideološku propovedaonicu, s osnovnim ciljem da se zamagljivanjem svake kolizije sa naukom opravda i afirmiše vladajuća ideologija.

Vladajuće ideološke norme a ne naučna znanja, bile su glavni orijentiri u proizvodnji, duhovnom, pa i naučnom stvaralaštvu. U naučnoj (i to ne samo društvenoj) literaturi su kao neoborivi dokazi korišćene ideološke dogme i citati ideoloških autoriteta, koje niko nije dovodio, niti je smeo dovoditi u sumnju, a sve što bi odudaralo, nije moglo ni ugledati svetlo dana.

Ravnanje prema vladajućim ideološkim normama bilo je, uz klanjanje političkim autoritetima, i glavni kriterijum za društvenu promociju, jer je po njemu vršena kadrovska (za vladajuće strukture pozitivna, a po društveni napredak negativna) selekcija. Nisu znanje i radna sposobnost, nego su ideološka ostrašćenost i politička podobnost predstavljali glavne preporuke za napredovanje na poslu i u životu, pa ni najodgovornije funkcije u društvu nisu poveravane najsposobnijim i najradnijim već najdovitljivijim i najsavitljivijim.

Takva selekcija bila je ne samo negativna, nego i pogubna po nauku, za koju su naučne sumnje i kritičnost neizostavni uslov postojanja i napredovanja. Njome su stvaralački potencijali i pre rođenja sahranjivani, a u visoka naučna zvanja i na rukovodeća mesta u naučnoj delatnosti provlačili su se i mediokriteti, što je bilo utoliko lakše ukoliko je nauka korišćena kao lažno pokriće za nenaučnu ili antinaučnu politiku.

S obzirom da bez nauke nema društvenog progresa, njeno gušenje je predstavljalo ne samo najpotmuliji otpor ostvarivanju komunističkih ideala, već i najveći zločin prema čovečanstvu, kojem bez napretka nema ni opstanka. Za više od pola stoleća nije pod vladavinom komunističke birokratije učinjen gotovo nikakav značajniji napredak u društvenim naukama, a sužavane su stvaralačke mogućnosti i u ostalim naukama.

Prelaz sa prikrivenog na otvoreni antikomunizam nije doneo nikakvo poboljšanje za nauku već je još više pogoršan njen društveni položaj. Jedan oblik kontrarevolucionarne ideologije zamenjen je drugim kontrarevolucionarnim oblikom, kojim su još više zamračene perspektive društvenog razvoja, koje upravo nauka treba da osvetljava, za što novopečeni profiteri nisu pokazali nikakav interes, a denacionalizacijom su znatno sužene mogućnosti za ulaganja u nauku.

U opštoj otimačini državne i narodne imovine, profiterskim vlastodršcima najviše je odgovarao lov u mutnom, sa pragmatičnom dnevnom politikom, bez velikih ideja i ideala. Vlast i profit postali su vladajuće ideje vodilje, najveće društvene vrednosti i najviši životni ideali

137

za koje se „živi i mre". Sve što je lažno odbacivala i napadala, crvena buržoazija je sada javno prihvatila, ne menjajući bitno svoja opredeljenja i lična ubeđenja jer su vlastoljublje i koristoljublje oduvek predstavljali njena karakterna i karakteristična određenja.

Svako ima **svoju** ideologiju kojom se u ostvarivanju svojih interesa rukovodi u životu, a nauka je „ideologija" celog ljudskog roda kojom se svi rukovode, i zato ona pripada svima podjednako a nikome posebno. Utoliko se ideologija i nauka: i podudaraju i jedna od druge odudaraju; i slažu i razilaze; i dopunjavaju i međusobno suprotstavljaju.

Zato je fatalna greška revolucionarnog komunizma što je marksizam, koji je prihvatio za svoju ideologiju, izjednačio sa naukom, a nauku sa marksizmom, izbrisavši sva njihova protivrečja i sve sumnje u njihovu apsolutnu podudarnost, čime je živi marksizam pretvoren u mrtvu dogmu jer sve što je neprotivrečno mrtvo je. Ubijanje živog marksizma, koji se, kao sve živo, morao razvijati i prevazilaziti da bi sačuvao svoju revolucionarnost, vodilo je ubijanju revolucije.

Ako je Marks bio jedan od najvećih naučnih umova koje je ljudski rod iznedrio, marksizam je njegova nenaučna negacija, što je izraženo i u samom nazivu teorije, koja pretenduje da predstavlja zaokruženu, a to znači i zatvorenu misao, suprotno svakoj istinskoj i istinosnoj nauci, koja po svojoj prirodi predstavlja otvorenu misao, baš kao što je i sama istina beskrajno otvorena i nikad do kraja saznatljiva.

Marksizam nisu stvorili Marks i Engels, koje neopravdano i nepravedno nazivaju osnivačima, već njihovi sledbenici, i to ne iz naučnih, nego iz ideoloških pobuda, skrpivši od duhovne zaostavštine svojih idola veštački zaokruženu i kontradiktornu doktrinu bez ikakvog kritičkog osvrta, kako se inače slažu ideološki kanoni. Tako je od jedne velike umotvorine, protivno njenom izrazito kritičkom duhu, sačinjena svojevrsna komunistička biblija, prema kojoj se niko nije smeo kritički odnositi, što je najveća moguća nezahvalnost samozvanih marksista prema svojim duhovnim učiteljima (ni boljih učitelja, ni lošijih učenika).

Marksova misao je mogla da se naučno razvija samo kroz naučnu kritiku same te misli, što je u birokratizovanom komunističkom pokretu bilo nezamislivo. Radi obezbeđenja neprikosnovene autoritarne vlasti, takva kritika je bila potpuno isključena u vladajućim komunističkim partijama, pa je razvijana uglavnom van područja njihove vladavine. Tako se desilo da su najveći doprinos razvoju Marksove naučne misli dali ozloglašeni antimarksisti i antikomunisti, a da je službeni marksizam suštinski evoluirao u antimarksizam i antikomunizam.

Sam Engels je inicirao samokritiku marksizma izjavljujući da je gledište koje su on i Marks zastupali „...bilo iluzija"[1]. Da je komunistički pokret tu inicijativu prihvatio, krenuo bi pravim putem u ostvarivanju velikih komunističkih ideala, koji samo nauka može jasno osvetljavati.

Zablude marksizma proistekle su iz potrebe da se zaokruži pogled na socijalističku revoluciju uprkos tome što za formiranje celovitog pogleda nauka još nije pružala dovoljno materijala. Iz toga su proistekle ideološke devijacije, koje su sa pogleda na revoluciju protegnute na formiranje vladajućeg pogleda komunističkih partija na ceo svet.

Polazne ideološke devijacije proistekle su iz jednostranog sagledavanja protivrečnosti klasnog društva. Naučno-istraživačka delatnost osnivača revolucionarnog komunizma bila je usredsređena na istraživanje klasnih suprotnosti, dok su podudarnosti klasnih interesa apstrahovane, odakle je i proistekao pogrešan zaključak o zaoštravanju klasnih suprotnosti i klasnoj borbi kao glavnom i malte ne jedinom ishodištu revolucije, na čemu je građena revolucionarna ideološka platforma.

---

[1] Vidi: Dela, isto, tom 33, str. 422

Naučno-tehnološka revolucija, koja je otvorila put i za solidarno prevazilaženje klasnih suprotnosti, pružila je materijal za šire naučno zaključivanje na bazi svestranog sagledavanja klasnih protivrečnosti i formiranje celovitog naučnog pogleda na socijalističku revoluciju kao imanentni i zakonomerni društveni proces. Time su stvoreni uslovi za naučno redefinisanje revolucionarne ideologije, koje je i započeto baš u žarištu naučno-tehnološke revolucije.

Pretenzije revolucionarnog komunističkog pokreta na naučnost komunističke ideologije, što je i neizostavni uslov njegove revolucionarnosti, mogu biti ostvarene samo prevazilaženjem suprotnosti naučne i ideološke svesti, koje su karakteristični izraz celog klasnog društva i njegovih socijalno-ekonomskih suprotnosti, bez čijeg se prevazilaženja ne mogu prevazići ni suprotnosti društvene svesti, ali je i prevazilaženje suprotnosti društvene svesti nužan uslov za prevazilaženje socijalno-ekonomskih suprotnosti.

Ta nužnost proističe otuda što suprotnosti između ideologije i nauke nisu samo izraz, već i bitan činilac socijalno-klasnih suprotnosti, i nisu njima jednostrano uslovljene nego se uzajamno uslovljavaju. Zato je i samo njihovo prevazilaženje sastavni i neizostavni deo ukupnog revolucionarnog preobražaja klasnog u besklasno društvo, što proističe već iz samog klasnog karaktera suprotnosti između ideološke i naučne svesti.

Ideološka svest je u funkciji ostvarivanja klasnih, a naučna u funkciji ostvarivanja opštedruštvenih interesa. One se podudaraju ukoliko se podudaraju klasni i opštedruštveni interesi, a međusobno se suprotstavljaju ukoliko se klasni i opštedruštveni interesi suprotstavljaju. Pošto je u funkciji otkrivanja istine na dobrobit celog čovečanstva, nauka je po svojoj funkciji istinosna svest. U funkciji prikrivanja suprotnosti između klasnih i opštedruštvenih interesa, ideologija je lažonosna svest, a istinosna je samo ukoliko se ti interesi zaista podudaraju.

Po tome je samo nauka svetlonosna, dok je ideologija maglonosna svest; prva osvetljava, a druga zamagljuje puteve društvenog razvoja.

Zato je samo nauka okrenuta budućnosti, dok je ideologija okrenuta sadašnjosti, a budućnosti se okreće samo ukoliko se okreće protiv sadašnjosti, čime se izjednačava sa naukom. Svaka vladajuća ideologija je, po svojoj funkciji, statična, dok je svaka prava nauka po svojoj funkciji dinamična svest. Postavljanjem kategoričnih i nepromenljivih društvenih normi mišljenja, prva okiva ljudsku svest da bi društveno ponašanje usmeravala po volji vladajuće klase, dok je druga usmerena na razbijanje tih okova da bi oslobodila i samu svest i društveno ponašanje od ubitačnih šablona.

Ideologija je u funkciji ograničavanja radi obezbeđivanja društvene slobode, i porobljavanja radi oslobađanja, ne samo različitih i nego i jednih te istih individua, dok je nauka u funkciji opšteg oslobađanja čoveka i čovečanstva. I dok svaka vladajuća ideologija služi vladanju ljudi nad ljudima, i potčinjavanju jednih radi gospodarenja drugih, nauka sama po sebi nikog nikome ne potčinjava, a sve čini neprikosnovenim gospodarima sveta. Zato ideologija, ne samo što sama po sebi predstavlja duhovnu prinudu, već u ostvarivanju društvenih funkcija mora da se oslanja i na fizičko prisiljavanje, dok nauka nikog ničim ne prinuđava nego je svi, radi sopstvenog dobra, sami prihvataju.

Zbog svega toga, nauka je a ne ideologija, glavna revolucionarna snaga društva, a ukoliko je u funkciji revolucije, ideologija svoju revolucionarnost crpe isključivo iz nauke jer je samo nauka po prirodi novatorska i progresivna svest, dok je ideologija po svojoj prirodi staromodna i konzervativna, čak i kad je budućnosti okrenuta. Sve društvene revolucije potiču od naučnih otkrića, i na nauci se zasnivaju, dok se ideologija redovno pojavljuje u ulozi duhovnog konzervansa i konzervatora postojećeg društvenog stanja, a kad je u izuzetnoj ulozi duhovnog katalizatora društvenih promena, i sama se na nauku oslanja, ali se tada već pretvara u svoju suprotnost.

Zna se da je i socijalistička revolucija inicirana naučnim otkrićima, i nije počela ni sa Pariskom komunom ni sa Oktobrom, već sa prvom naučnom iskrom koja je zapalila ljudski duh, jer nema revolucionarne prakse bez revolucionarne misli. Teorija osnivača komunističkog pokreta je revolucionarna ukoliko je naučna, a ukoliko odstupa od nauke, ona se pretvara u kontrarevolucionarnu apologiju. Upravo je na naučno neosnovanim ideološkim devijacijama marksizam iz revolucionarne, prerastao u kontrarevolucionarnu ideologiju, koja je i samim marksistima dojadila, a mnoge i ojadila.

Zbog toga je marksizam izgubio kredibilitet revolucionarne ideologije, te ne može predstavljati idejnu platformu nikakve revolucije. Samim tim, i komunističke partije su izgubile kredibilitet revolucionarnih organizacija, i ne mogu biti nosioci nikakvih revolucionarnih promena ukoliko se slepo drže marksističke ideologije. Neophodno je stvaranje novog revolucionarnog pokreta, sa novom revolucionarnom, na nauci dosledno zasnovanoj idejnoj platformi.

Elementi za takvu platformu sadržani su u brojnim tekovinama naučne misli od njenog nastanka do najsavremenijih naučnih saznanja. Ideje o društvu budućnosti moraju biti utemeljene u idejama celokupne minule prošlosti, jer se ni sama budućnost društva nema na čemu drugom temeljiti nego na njegovoj prošlosti. I Marksova naučna misao je duboko utemeljena na naučnim tekovinama, i to ne samo na tri, često spominjana izvora marksizma, već na celokupnoj istoriji naučne misli.

Odvajanjem od Marksove naučne misli, ideološki izobličeni marksizam je se odvojio od sopstvenih temelja, pa i od svoja „tri osnovna izvora“, prema kojima je zauzeo nepomirljiv negatorski stav. Utopijski socijalizam, klasična nemačka filozofija i buržoaska politička ekonomija, odbačeni su na smeće bezvrednih starudija, zato što su bili predmet Marksove kritike, koja je i sama naopako protumačena kao odbacivanje. Ali pravi razlog odbacivanja nije bio u tome, već u apsolutizaciji sopstvenih nazora, iza kojih su u suštini stajali kontrarevolucionarni motivi, jer su sva tri pomenuta „izvora" predstavljali revolucionarnu misao. Uostalom, iz istog razloga je i od same Marksove misli prećutno odbacivano ono što je u njoj najrevolucionarnije, a da bi se to prikrilo, Marks je do neba uzdizan.

Apsolutizovanjem klasnih suprotnosti, apsolutizovane su i suprotnosti između prošlosti i budućnosti, a negiranjem klasne solidarnosti negiran je istorijski kontinuitet. Anatemisanjem svega što je tuđe i prošlo, trebalo je veličati sopstvena obećanja svetle budućnosti da bi se lakoverne mase opsenile i lakše pridobile, a što je prošlost slikana tamnijim bojama, obećavana budućnost je izgledala svetlijom. Naučna istina nije sasvim negirana, ali je ideološkim obmanama i samoobmanama izjednačavana sa neistinom.

Odvojen od svojih temelja, komunizain je se vinuo „nebu pod oblake", a „ko visoko leti, nisko pada", i komunizam je u ostvarivanju svojih ideala pao tamo odakle je u daleku budućnost i krenuo. Uspostavljanjem totalitarnog etatizma, uspostavljan je u suštini srednjovekovni sistem naturalne proizvodnje, sa tipično centralističkim sistemom upravljanja, što nije ni bilo teško, i što se na brzinu jedino i moglo postići, s obzirom da zemlje u kojima su komunističke partije osvojile vlast, nisu bile daleko ni odmakle od srednjevekovlja.

Odbacujući na rečima prošlost zarad budućnosti, komunisti su na delu žrtvovali budućnost zarad prošlosti, koja je više odgovarala njihovom vlastoljublju. A da bi se to prikrilo, trebalo je i na bližu i na dalju prošlost „bacati drvlje i kamenje", uz bezobzirno falsifikovanje prave istine i o prošlosti i o sadašnjosti, koje nimalo nisu smele ličiti jedna na drugu.

Iz istog razloga naduvavana je lažna predstava i o dva tobože sasvim različita paralelna sveta, od kojih je jedan „guran" što dalje u

143

prošlost, a drugi što dalje u budućnost. Oni su se, uz sve zabrane međusobnog komuniciranja, morali jedan prema drugom zatvarati svim mogućim ideološkim ogradama i pregradama, da se jedan u drugom ne bi prepoznali, i da se u protivničkom taboru ne bi pronašlo nešto bolje nego u sopstvenom. Što su takozvani socijalistički i kapitalistički, komunistički i antikomunistički tabor više sličili jedan drugom, među njima je, kao među istovetnim magnetnim polovima, stvarana veća odbojnost. Najviši stepen netrpeljivosti dostignut je među fašizmom i staljinizmom, koji su jedan drugom sličili „kao jaje jajetu".

Kad je komunistički tabor krahirao, komunisti su se ponovo odrekli svoje prošlosti zarad neke svetlije antikomunističke budućnosti, a na delu su zaglibili u daleku prošlost prvobitne akumulacije kapitala. Da bi im se verovalo, presvlačili su se iz komunističkog u antikomunističko ruho, osnivali nove partije i stranke, menjali političke simbole i veroispovesti, ali „vuk dlaku menja a ćud ne menja"; pohlepa za bogatstvom i vlašću ostala je ista.

Takvim dovijanjem zemlje totalitarnog etatizma su, uz svesrdnu pomoć imperijalističkih sila, gurnute tamo gde ih je bilo najlakše gurnuti, ali one tu ne mogu ostati i opstati. Da bi se uključile u savremene svetske tokove, moraju se u svim sferama života okrenuti stvaralaštvu i novatorstvu, u čemu im nikakva volšebna ideološka klackalica ne može pomoći. Ali problem i jeste u tome da se oslobode ideološke zavodljivosti i povodljivosti, koja stvaralačku misao potiskuje i guši, što bez samog naučnog stvaralaštva nikako neće moći.

U večitom sukobu sa vladajućom ideologijom, nauka je redovno bila u podređenom položaju, ali je probijanjem ustaljenih ideoloških barijera na kraju uvek izlazila kao pobednik. Kad god im istina nije koristila, vladajuće klase su, i u borbi protiv same istine, posezale za lažima i fizičkom silom, koje su u ostvarivanju klasne vladavine uvek išle zajedno. Ukoliko se nije mogla ostvarivati silom argumenata, vlast je redovno ostvarivana argumentima sile, sve dok sila nije postajala nemoćna pred neumoljivim zakonima prirode i društvenog progresa.

Fizička sila dominira nad duhovnom silom ukoliko u društvenoj reprodukciji fizički rad dominira nad umnim radom, pa utoliko i lažonosna, na fizičku silu oslonjena svest dominira nad istinosnom svešću, a ideologija nad naukom. Ideje o kraju ideologije imaju naučnog smisla samo u kontekstu sa idejama o kraju fizičkog rada i neposredne proizvodne delatnosti čoveka i čovečanstva.

Dominacija nauke nad ideologijom je, međutim, ne samo moguća, već i nužna ukoliko se u društvenoj reprodukciji ostvaruje dominacija umnog nad fizičkim radom i ukoliko naučno stvaralaštvo postaje glavna i neposredna snaga društvene proizvodnje, sa čim nauka mora postati i neposredna osnova društvenog upravljanja. Sa scientizacijom proizvodnje vrši se scientizacija svih društvenih sfera, pa i vladajuće ideologije, koja se sve više izjednačava sa naučnom svešću jer samo kao istinosna svest može biti u funkciji društvene reprodukcije.

Ideologija na taj način postaje to što društvena svest u suštini i treba da bude - idejna orijentacija društvenog razvoja i ostvarivanja opštedruštvenih interesa. Ali time se, sa razrešavanjem klasnih protivrečnosti, razrešavaju i društvene protivrečnosti između ideologije i nauke. Iz otuđene klasne, ideologija se transformiše u izvornu društvenu svest.

Scientizacija društvene svesti je osnovni uslov permanentne revolucije, koja se time oslobađa konzervativnih i kontrarevolucionarnih ideoloških kočnica. Pošto je naučna misao po svojoj prirodi revolucionarna, ona ne može da ne revolucioniše i društvenu praksu, na čije je menjanje u svojoj biti usmerena. Pod društvenom dominacijom konzervativne ideološke svesti, revolucionarne promene se guše i prekidaju, zbog čega se, probijanjem okoštalih društvenih ljuštura nagomilanom revolucionarnom energijom, javljaju u vidu povremenih skokova.

Ukoliko pak ideološke i klasne prepreke nestaju, revolucionarne promene postaju permanentne i ravnomerne.

ZAKLJUČNE REFLEKSIJE

emlje takozvanog državnog socijalizma ili totalitarnog etatizma su se, nakon svega što se događalo, našle u velikom ćorsokaku. U svetskom vrtlogu borbe za vlast i prevlast konzervativnih i reakcionarnih snaga, one deluju izgubljeno, bez pogleda u budućnost i bez naziranja pravih puteva izlaska iz duboke krize. Govori se o besmislenoj tranziciji iz socijalizma u kapitalizam, kao da je socijalizma negde bilo i kao da je kapitalizam viša razvojna faza od socijalizma. Ali ništa bolje stanje nije ni u kapitalističkom taboru, koji je i sam iskusio sve blagodeti besperspektivnog etatizma, i gde se, po želji vladajućih reakcionarnih snaga, govori o kraju istorije.

Sasvim je razumljivo što reakcionarne snage, koje danas vladaju svetom, ne gledaju u budućnost jer budućnost nije njihova niti one pripadaju budućnosti. Sutrašnjica je na strani progresivnih i stvaralačkih snaga, koje jedino i mogu osvetljavati njene puteve. Zbog toga mračne sile reakcije zamračuju, dok bi progresivne snage morale osvetljavati perspektive društvenog razvoja.

Pošto, zarad ovekovečenja zabirokratizovane komunističke vladavine, te perspektive i sam zamagljuje, marksizam ne može predstavljati svetlonosnu idejnu platformu društvenog razvoja. Ali to ne može ni bilo koja ideologija koja za krajnji cilj postavlja neko idealno, makar i komunističko društvo, i koja uopšte postavlja krajnje ciljeve,jer niti je idealno društvo moguće, niti u društvenom razvoju ima krajnjih ciljeva, a kad se postavljaju nemogući ciljevi, onda se traže i nemogući putevi za njihovo ostvarivanje.

Da bi ojađene narodne mase pokrenuo da jurišaju na nebo, komunistički pokret je stvarao uobrazilju idealnog, apsolutno savršenog komunističkog društva, kao ideološki antipod postojećem ugnjetačkom društvu, baš kao što religija stvara uobrazilju nebeskog raja nasuprot ovozemaljskom i onozemaljskom paklu, da bi utešila i na trpljenje unesrećene vernike privolela. Ali kao što imaginarni nebeski raj znači kraj stvarnog života, tako bi idealno komunističko društvo bez ikakvih protivrečnosti, značilo kraj svakog stvarnog zajedništva, kojem bi se iko živ teško mogao radovati.

Društveno zajedništvo bez protivrečnosti je čista utopija, iz prostog razloga što su protivrečnosti neizostavni uslov postojanja i pokretačka snaga razvoja svega postojećeg. Društvo bez protivrečnosti ne bi bilo nikakvo društvo, kao što život bez problema ne bi bio nikakav život, jer se ljudski život sastoji upravo u rešavanju životnih problema, kao što se egzistencija društva sastoji u razrešavanju njegovih protivrečnosti.

Na putu iz životinjskog u ljudsko carstvo, ljudsko zajedništvo egzistira na igri fizičkih i duhovnih sila, kao protivrečnim (suprotstavljenim i nerazdvojivim) silama društvene reprodukcije. Karakteristični izraz tih protivrečnosti su društvena podela rada i klasna borba, koja se vodi i fizičkim i duhovnim sredstvima, pa društvo još egzistira kao poluživotinjska - poluljudska zajednica. Ali pokretačku snagu društvenog razvoja čine duhovne a ne fizičke sile, koje se prema razvoju protivrečno odnose: i podstiču ga i usporavaju, zavisno od odnosa (progresivnih i regresivnih) duhovnih snaga, koje fizičkim silama upravljaju.

Pokušaj da se suprotnosti duhovnih i fizičkih sila prevaziđu veštačkim spajanjem fizičkog i umnog rada, ne samo što nije doneo očekivanu kulturnu revoluciju nego je značio degradaciju duhovne aktivnosti kao glavne revolucionarne sile. Nova građevina nije se mogla sagraditi od starog materijala, niti se suprotnosti između fizičkog i umnog rada ma kako se oni povezivali, mogu ukinuti dok se ne ukine sam fizički rad kao bitni činilac društvene reprodukcije.

Da bi revolucionisala proletarizovane proizvođačke mase, koje po prirodi svoje fizičke delatnosti nisu revolucionarne, komunistička ideologija im je novo društvo predstavljala u njima razumljivim i privlačnim kontrastima sa njihovom klasnom pozicijom, apstrahujući ne samo njegove istorijske korene nego i njegovu generičku suštinu. Na taj način je komunističko društvo idealizovano i apsolutizovano kao totalna negacija njegovih sopstvenih istorijskih temelja. Klasnom ropstvu suprotstavljana je i pretpostavljana sloboda, socijalno-ekonomskim nejednakostima društvene jednakosti, privatnom vlasništvu kolektivno vlasništvo, raspodeli prema svojinskom monopolu raspodela prema potrebama, masovnom pauperizmu opštedruštveno izobilje, egoističkom individualizmu altruistički kolektivizam, itd.

Sve su to samo pojavne karakteristike obećanog ovozemaljskog raja, čija je suština kao slobodno duhovno stvaralaštvo, bila nedodirljiva za pretežno fizičku radnu snagu, kojoj je, da bi se pokrenula u revoluciju, trebalo pružiti nadu da će u takvom raju i sama živeti. Komunističke partije su i pre i nakon osvajanja vlasti predstavljale komunizam tako kao da je bio na dohvat ruke. Pošto je pojavnim obeležjima, po kojima je i nazvano, zamagljivana prava suština komunističkog društva, zamagljivan je samim tim i pravi put do njegovog ostvarenja. Da bi se do njega što pre stiglo, građena je „o ruk" strategija munjevitog rušenja do temelja svega postojećeg, sa zabludonosnim predubeđenjem da će nakon rušenja starog, novo maltene same po sebi doći. Marks je govorio čak i o ukidanju samog rada, ne napominjući da se radi samo o ukidanju mukotrpnog proizvodnog, a oslobađanju samosvrsishodnog stvaralačkog, istinski ljudskog rada, čije oslobađanje, u suštini, i nije u rušenju nego u samom stvaranju.

I pošto se staro ne može do temelja srušiti bez stvaranja novog, ni pojavno bitno promeniti bez promene njegove suštine, strategija velikog skoka je morala završiti velikim padom, a revolucija kontrarevolucijom. Preodenut u novo ideološko ruho, stari način autokratske vladavine novih vlastodržaca je samo prikrivan licemernim obmanama. Komunistički ideali su zaista ostvareni, pa i sam rad ukinut, ali samo za licememu (anti)komunističku vlastelu.

Kao u suštini stvaralačko, nazovi komunističko društvo, nije neka neostvariva utopija, jer stvaralaštvo kao generička suština ljudskog roda, datira od njegovog nastanka i razvija se kao istorijska okosnica njegovog razvoja. Prelaz iz stvaralačkog u proizvođačko društvo nije prelaz u neko potpuno novo, društvo, koje sa starim nema nikakve veze, već iz društva sa dominacijom proizvodnog, u društvo sa dominacijom stvaralačkog rada, jer se i ceo razvoj proizvođačkog društva zasniva na stvaralačkom radu.

Prelaskom proizvođačkog društva u stvaralačko društvo samo se obelodanjuje njegova generička suština jer je stvaralačko društvo zapravo ostvarenje njegove generičke suštine. Zato je i socijalistička revolucija obelodanjenje stvaralačke suštine svake društvene revolucije jer bez stvaranja ništa novo u društvenom biću i njegovoj reprodukciji ne može nastati.

Duhovno stvaralaštvo nije samo stvar generičke sklonosti i naklonosti ljudskog bića, već i nužan uslov njegovog opstanka, nezamenjivo sredstvo njegove sudbonosne borbe za opstanak. U njemu su sadržani i ljudska sudbina i ljudska sloboda; nužnost i sloboda ispoljavaju se kroz njega kao jedno te isto. Stoga stvaralačko društvo nije neka idealna, savršena i završena zajednica ovozemaljskog raja, već paklena

ZAKLJUČNE REFLEKSIJE

tvornica duhovnih izuma, koja bez prestanka traga za novim puteviina i sudbonosnim sredstvima izbavljenja ljudskog roda.

Ljudski rod se za svoj opstanak ne može boriti sa prirodom i prirodnim silama ako se ne bori sa samim sobom za sopstveno samoprevazilaženje, koje se zasniva na neprekidnoj borbi njegovih unutarnjih sila. Stvaralačko društvo se od proizvođačkog društva, u tom pogledu, razlikuje samo utoliko što se unutardruštvena borba fizičkih sila u potpunosti zamenjuje međusobnom borbom duhovnih sila.

Međusobne borbe duhovnih sila, kao pokretačke snage društvenog razvoja, ne bi bilo kad bi one bile izjednačene i kad bi stoga među njima vladala potpuna ravnoteža, zbog čega nikakva društvena zajednica ne može počivati na duhovnoj uniformnosti i duhovnom unitarizmu. Suštinska razlika između stvaralačkog i proizvođačkog društva nije u apsolutnoj suprotnosti između jednakosti i nejednakosti, već u tome što se socijalno-ekonomske nejednakosti proizvođačkog društva podržavaju i održavaju iznuđenim duhovnim jednakostima u obliku ideološke uniformnosti, dok se slobodno ispoljavanje duhovnih nejednakosti stvaralačkog društva zasniva na ostvarenoj socijalno-ekonomskoj jednakosti. Pokušaji vladajućih komunističkih partija da društvene jednakosti zasnuju na ideološkom jednoumlju, imale su za rezultat još veće socijalno-ekonomske nejednakosti.

Zbog svega rečenog, iskompromitovana ideja komunizma ne odgovara suštinski zakonomernim istorijskim tendencijama društvenog razvoja, ali nije adekvatnija ni kontrakomunistička ideja slobodnog društva, ne samo zato što je identifikovanjem sa postojećim kapitalističkim društvom, i ona iskompromitovana, nego što takođe ne izražava pravu suštinu društvenog razvoja. Potpuno slobodno društvo je čista utopija jer i kad bi bila ostvariva, potpuna sloboda bi značila kraj svake slobode. Ako je ljudska sloboda u duhovnom stvaranju, onda ona nema krajnjih dometa jer ih nema ni duhovno stvaranje, pa se stvaralačko

151

društvo može nazivati samo slobodarskim ili oslobodilačkim, a nikako apsolutno slobodnim, pošto je prava ljudska sloboda u beskrajnoj težnji za sve većom slobodom.

Nije prava alternativa ni u ideji informatičkog društva, koja znanje i njegov transfer kao gotov proizvod duhovnog stvaranja, pretpostavlja živom stvaralaštvu, te se može zloupotrebiti i protiv samog stvaranja, što se često i čini. Manipulisanje znanjem i njegovim dirigovanim transferom postalo je danas najmoćnije sredstvo ne samo duhovnog, već i fizičkog porobljavanja, protiv čega se samo živim stvaralaštvom može uspešno boriti.

Zato je najsuštastvenija i najprogresivnija ideja stvaralačkog društva, koje nije nikakav krajnji cilj kao ideal apsolutnog savršenstva, nego večno otvoreni proces društvenog razvoja bez ikakvog transcendentalnog oročavanja. Objektivno je moguće postavljati i ostvarivati samo naučno odredive ciljeve i puteve njihovog ostvarivanja, dok proizvoljna ideološka proviđanja, ma koliko odgovarala neostvarenim i neostvarivim ljudskim težnjama, vode na stranputice.

Organizovana društvena sila koja se može uspešno boriti za takvo društvo je opštedruštveni pokret za progres, koji okuplja sve progresivne snage, sa stvaralačkim snagama kao osnovnim jezgrom. Revolucionarna snaga takvog pokreta je u podudarnosti ličnih interesa stvaralaca s interesima opštedruštvenog progresa, koji se na ličnom stvaralaštvu upravo zasniva.

Pošto je duhovno stvaralaštvo samo po sebi revolucionarno, stvaraoci su po prirodi svoje delatnosti revolucionarna snaga društva koju ne treba spolja podsticati na revolucionarnu aktivnost. Ako su stvaralačke snage od samog nastanka ljudskog roda krčile puteve društvenog razvoja, sada je sam razvoj dogurao dotle da se celo društvo pretvara u stvaralačku snagu kao neizostavni uslov sopstvene reprodukcije, čiji revolucionarni grčevi prerastaju u bezbolan i ravnomeran revolucionarni proces.

To je put slobodnog izbora, ali i nužan uslov opstanka ljudskog roda, baš kao što i svaka ljudska jedinka ne razmišlja samo zbog toga što joj se razmišlja, nego i zato što razmišljati mora, kao što uostalom i ne jede samo iz zadovoljstva, već i iz životne nužde. Duhovno stvaralaštvo je način postojanja, ali i način opstajanja ljudskog roda, pa se i samo razvijalo i opstajalo kroz borbu za opstanak, bez koje ga ne bi ni bilo.

Čovečanstvo je se već toliko namnožilo da su gotovo iscrpeni njegovi životni resursi, ali je najveći životni resurs u njemu samome, u njegovoj sposobnosti da stvara nove životne resurse. Društvo mora planirati svoj ukupni, pa i demografski razvoj, ali ga ne sme zaustavljati jer bi to bilo ravno samoubistvu pošto sve što živi, može živeti razvijajući se. Zbog toga se progresivne snage moraju odlučno suprotstaviti vladajućim elitama koje bi htele da svoju egzistenciju obezbede i unapred uništavanjem populacije podjarmljenih naroda i klasa.

Rešenje problema deficitarnosti životnih resursa nije u smanjivanju populacije jer bi se postojeći resursi i pored toga iscrpljivali, već u njenom povećavanju, čime se povećavaju i izgledi za pronalaženje novih resursa, s obzirom da se time povećavaju istraživačke mogućnosti ljudskog roda. Sakupljačkom društvu je pretila opasnost da nestane s umnožavanjem u odnosu na ograničene izvore prirodnih blagodeti, da, zahvaljujući svojoj invenciji, nije prešlo na sopstvenu proizvodnju životnih sredstava.

Razvoj proizvodnje omogućio je da se čovečanstvo geometrijskom progresijom umnožava zahvaljujući tome što je istom dinamikom povećavan broj proizvođača. Sada se čovečanstvo nalazi na novoj prekretnici kada se broj proizvođača, zbog automatizacije, ubrzano smanjuje, ali se istom dinamikom povećava, i mora da se povećava, broj istraživača, ne samo da bi se automatizovana proizvodnja dalje povećavala, već i da bi se pronalazile nove proizvodne mogućnosti kojima se nadomešta iscrpljivanje postojećih proizvodnih resursa.

To je tim neophodnije što iscrpljivanje postojećih proizvodnih i životnih resursa preti da bezobzirnim tehnologijama uništi samu proizvodnju i sam život na Planeti. Čovečanstvo je pred sudbonosnim izborom da pronađe takve tehnologije kojima će umesto iscrpljivanja, oplemeniti i prirodu i sebe, ili da sa bezobzirnim uništavanjem prirode uništi i samog sebe. A to se ne može postići bez velike stvaralačke, i pre svega naučne revolucije, kao generičke osnove svih drugih revolucija.

Demografski rast je jedan od osnovnih uslova takve stvaralačko-preporodilačke revolucije jer zajedno s automatizacijom omogućava ne samo uvećavanje kritične mase istraživačkih snaga neophodne da zadovolji razvojne potrebe, već i ubrzani razvoj ljudskog intelekta, s obzirom da brojnije istraživačke snage, po zakonu verovatnoće, iznedruju i veći broj genijalnih i genijalnijih umova sposobnih da brže ulaze u tajne priode i lakše dolaze do novih izuma.

Ali preobražaj proizvođačkog u stvaralačko društvo je samo jedna od dimenzija stvaralačke revolucije. Klasnom i nacionalnom depolarizacijom, kao bitnim činiocem tog preobražaja, stvaralaštvo se oslobađa ideoloških primesa koje ga čine nedovoljno samokritičnom i stoga nedovoljno samorazvojnom delatnošću. I u umetnosti i u nauci stvaraju se isključivi pravci i zatvoreni teorijski sistemi koji se suprotstavljaju svim drugim, pa i novim idejama i pogledima, otežavajući i usporavajući razvoj stvaralačke misli i stvaralačkog mišljenja.

Ljudskom biću je svojstven ne samo kritički već i samokritički duh, zahvaljujući kome se čovečanstvo zapravo i razvija odbacujući preživela i usvajajući nova rešenja životnih i društvenih problema. Proizvođačko društvo ga, zbog suprotstavljenih klasnih interesa, i podstiče i guši, a samo najveći umovi nalaze u sebi snage da se tome javno suprotstave suprotstavljajući se i drugima i samim sebi. Engelsovo priznanje sopstvenih zabluda samo potvrđuje njegovu genijalnost, a i Lenjin je javno priznavao pogrešnost određenih stavova koje je zastupao a život ih je demantovao. Pretvaranje samokritičnosti u **modus vivendi** ne samo naučnog stvaralaštva u globalu već i svakog naučnog stvaraoca, značiće veliki revolucionarni preporod, kako same nauke tako i celokupnog, na nauci zasnovanog, ljudskog života.

Samokritičnost je uslov i za veliki revolucionarni preokret u društvenoj usmerenosti naučno-istraživačke delatnosti. Ona je do sada bila usmerena koliko na stvaranje toliko i na razaranje, koliko na sejanje života toliko i na sejanje smrti. Ogromni naučni potencijali moraju se iz istih, napred navedenih razloga, sa priprema ratnih razaranja preusmeriti na stvaranje uslova za bolji život i sam opstanak celog čovečanstva. Izgleda kao da je potrebno da čovečanstvo dospe do ruba propasti pa da se osvesti i u borbi za opstanak zbije svoje redove. Ali za to nije dovoljna samo naučna, već je neophodna i tehnološka, socijalno-ekonomska, pa i politička revolucija.

Tehnološka revolucija je pred problemom potpune automatizacije i hemizacije, u funkciji potpunog oslobađanja čoveka od neposredne proizvodnje i zavisnosti od gotovih proizvodnih resursa prirode, radi čega je, na bazi ubrzanog razvoja prirodnih i tehničkih nauka, neophodan još brži razvoj energetike, elektronike, robotike, biogenetike i drugih tehnoloških disciplina, koji će omogućiti da čovek u zadovoljavanju svojih potreba što više zagospodari prirodom. Po svoj prilici, biće neophodno da se, radi spasonosnog ubrzanja scientizacije i tehnologizacije, veštački stimuliše i ubrzani razvoj ljudskog intelekta.

Neophodnost ubrzane scientizacije i tehnologizacije nameće i potrebu ubrzane demonopolizacije duhovnog stvaranja kao generičke privilegije posebnog društvenog sloja, zbog čega je socijalno-ekonomska revolucija i neophodan uslov, a ne samo posledica naučno-tehnološke revolucije. Ukidanje društvene podele rada postaje do te mere poželjno i nephodno da se radi, i korišćenjem veštačke inteligencije mora se još brže raditi na oslobađanju čoveka ne samo od fizičkih operacija proizvodnog, već i od rutinskih operacija stvaralačkog rada.

Ukidanje društvene podele rada ne ide, kao što se nekad pretpostavljalo, u pravcu svaštarenja da se svako bavi čas jednim, čas drugim poslom, čas neposrednom proizvodnjom, čas duhovnim stvaranjem, već u pravcu svođenja ljudskih poslova na stvaralačke delatnosti, u kojima se funkcionalna podela rada vrši u okviru istraživačkih timova, i gde se sa jednog istraživačkog posla prelazi na drugi istraživački posao. A takva raspodela poslova čak ni privremeno ne podnosi subordinaciju i potčinjavanje već zahteva neposrednu saradnju i ravnopravno dogovaranje na zajedničkom poslu.

Razvoj automatizacije automatski krči put takvim odnosima, ali se sam ne odvija automatski. On ukida podelu na fizički i umni rad, na kojoj odnosi subordinacije počivaju, jer ukida sam fizički rad, ali baš zbog toga nailazi na snažne otpore ne samo fizičkih radnika koji gube posao, već i samih subordinatora koji gube komandne pozicije. To je nesumnjivo jedan od faktora usporavanja tehnološkog razvoja, a i tehnološkog zaostajanja kvazisocijalističkih zemalja, koje su se naturalnim načinom proizvodnje i raspodele veštački štitile od ekonomske prinude i tržišne konkurencije razvijenih kapitalističkih zemalja.

Brzo se, međutim, pokazalo da rešenje nije u prepuštanju tržišnoj stihiji, u kojoj tehnološki zaostaliji inače ne mogu odolevati konkurenciji tehnološki razvijenijih. Stihijna tržišna konkurencija je donekle još i moguća na relativno zatvorenim i nedovoljno razvijenim nacionalnim tržištima, a na otvorenom međunarodnom tržištu vlada dirigovana dominacija najmoćnijih svetskih korporacija i njihovih matičnih zemalja, koja je do sada bila u funkciji ubrzanog tehnološkog razvoja najrazvijenijih na račun nerazvijenih, a sada se već sve više pretvara i u njegovu smetnju, zbog čega jačaju tendencije vraćanja na nasilnu kolonijalnu dominaciju.

Izlaz iz velike ekonomske i društvene krize koja je zahvatila ceo svet, zbijen već u jednu jedinu „košnicu", ne može biti u odbacivanju ni tržišta ni planiranja, ni konkurencije ni saradnje, koji se odbaciti i ne mogu jer predstavljaju sudbonosne činioce društvene reprodukcije na prelazu iz proizvođačkog u stvaralačko društvo. Rešenje je u naučnom razrešavanju njihovih, i svih drugih razvojnih protivrečnosti, koje više nisu lokalne, nacionalne ili regionalne, već međunarodne, svenarodne i opštenarodne protivrečnosti, te se i razrešavati mogu samo angažovanjem cele svetske zajednice.

Socijalno-ekonomsku suštinu tekuće svetske revolucije čini preporod proizvođačkog u stvaralačko društvo. To nije nikakva utopija, ne samo zato što taj preporod već teče, nego pre svega zbog toga što je ljudsko društvo po svojoj prirodi stvaralačko, bez čega se ne bi ni razvijalo ni opstajalo. Njegovi dosadašnji pojavni oblici su na putu ostvarivanja te prirode samo protivrečili njegovoj suštini, kao što svaka pojava inače protivreči svojoj suštini, te bi se moglo reći da se ljudsko društvo i do sada u suštini svodilo na stvaralački populus, pa tegleće proizvođačke mase ni oficijelno nisu priznavane za sastavni deo robovlasničkog društva.

Preporod se i ne sastoji u tome da se težaci kao neposredni proizvođači, uvode u društvenu zajednicu, već da tek pretvaranjem u duhovne stvaraoce postaju njenim članovima. A presudni činilac takvog preporoda je pretvaranje naučnog znanja iz posrednog i sporednog, u neposredno i glavno sredstvo društvene reprodukcije. Glavnu ulogu koju u reprodukciji proizvođačkog društva imaju materijalna sredstva proizvodnje (zemlja i kapital), u reprodukciji stvaralačkog društva preuzima sama nauka kao njegova duhovna i suštastvena snaga.

Ukoliko se, kao predmet monopolskog prisvajanja, zemlja i kapital u funkciji osnovnih sredstava proizvodnje zamenjuju znanjem, koje se, kao opštedruštveno dobro, ne može prisvajati i monopolisati, utoliko nestaje privatne, ali i svake druge svojine, kao monopolskog raspolaganja osnovnim sredstvima reprodukcije. To prema tome, nije politički čin koji se izvodi političkim dekretima, nego društveno-ekonomski proces zasnovan na scientizaciji i tehnologizaciji društvene reprodukcije, zbog čega su konačnom ukidanju privatne svojine najbliža društva u kojima je naučno-tehnološka revolucija, bez obzira na oblik političkog uređenja, najviše napredovala.

Prelaz iz svojinskog stanja proizvođačkog, u bezsvojinsko stanje stvaralačkog društva, ne čini samo, ni privatno ni društveno vlasništvo, već proces potpune privatizacije (individualizacije) društvenog, i potpunog podruštvljavanja (socijalizacije) privatnog vlasništva, ma koliko se oni ideološki suprotstavljali. Sa razvojem proizvodnje društvo se ne kreće u pravcu obezvlašćivanja i siromašenja, već u pravcu ovlašćivanja i bogaćenja svih svojih članova. Bogato vlasničko društvo je ono u kojem su svi bogati vlasnici, još bogatije ono gde je svako suvlasnik celokupne društvene imovine, a najbogatije će biti društvo bez ikakvog vlasništva u kojem će svako bez ograničenja raspolagati svim i svačim.

Ključ za stvaranje opštedruštvenog izobilja i potpunu automatizaciju proizvodnje kao njegovu pretpostavku, je isti: raspodela i prisvajanje novostvorene vrednosti prema doprinosu njenom stvaranju, ma čime i ma kako se tome doprinosilo. Obezvlašćeni proizvođači ne bi mogli postati stvarnim vlasnicima, niti bi se mogli obogatiti ako živi rad ne bi bio priznat za glavni osnov ekvivalentne raspodele i prisvajanja, a ne bi bili zainteresovani ni za automatizaciju proizvodnje ako od toga ne bi imali nikakve koristi.

158

Pošto najveći doprinos stvaranju nove vrednosti daju stvaraoci, oni treba najviše da participiraju i u njenom prisvajanju, čime se pojačava njihova motivacija ne samo za unapređivanje tehnologije, organizacije i ekonomije proizvodnog rada, već i za preusmeravanje sopstvenog stvaralaštva iz neproduktivnih u produktivne delatnosti. A kao stvaraoci, oni su najviše zainteresovani i za prioritetna ulaganja u razvoj stvaralačkih delatnosti, što će od njihove volje tim više zavisiti ukoliko više budu sudelovali u raspolaganju investicionim i ukupnim reprodukcionim sredstvima.

Zbog toga je upravo stvaralačka inteligencija, kao najperspektivnija, istovremeno i najrevolucionarnija društvena snaga, koja je neposredni nosilac ne samo naučno-tehnološke, već i socijalno-ekonomske revolucije, u čijem kreiranju humanitarna inteligencija ima i odlučujuću ulogu. Socijalno-ekonomska revolucija je i nezamisliva bez sociološko-ekonomskih nauka kao kreatora revolucionarnih ideja i naučnih projekcija njihovog ostvarivanja.

Glavnu pokretačku snagu stvaralačke revolucije ne predstavlja, međutim, ekonomska, već stvaralačka motivacija jer glavni motiv stvaranja nije profit nego samo stvaranje. Ali upravo radi slobode i oslobođenja stvaralačkog rada, stvaraoci su najzaineresovaniji za revolucionarne promene da umesto opredmećenog, živi rad, i pre svega aktivno znanje, postane glavni osnov prisvajanja, da bi što pre nestalo svakog prisvajanja kao glavnog ograničavajućeg faktora slobodnog stvaranja. Stvaranje materijalnog izobilja, koje će svako prisvajanje učiniti bespredmetnim, je bitan uslov ne samo fiziološkog, nego i duhovnog uživanja, koje zapravo u slobodnom stvaranju nalazi najveće utočište.

Samim tim što je u protivrečju sa proizvodnim radom, stvaralački rad je u protivrečju i sa privatnim vlasništvom kao proizvodnim odnosom, sa kojim ne može ali i bez kojeg ne može sve dok tu sudbonosnu ljušturu svojim razvojem sam ne probije. Kao osnovni proizvodni

159

odnos, privatno vlasništvo se ne može ukinuti bez ukidanja proizvodnog rada, čime se ukida i društvena protivrečnost stvaralačkog rada i privatnog vlasništva.

Proizvodni rad se ne može razvijati bez razvijanja stvaralačkog, kao ni stvaralački bez razvijanja proizvodnog rada, ali proizvodno radno vreme koje je neophodno za fiziološku reprodukciju ljudskog rada, je neprelazna granica slobodnog stvaralačkog vremena, bez kojeg nema razvoja ni stvaralačkog ni proizvodnog rada, odakle proističe i neizbežno protivrečje privatnog vlasništva i duhovnog stvaralaštva. Prisvajanje tuđeg rada je kroz monopolizaciju, koncentraciju i centralizaciju viška proizvoda i viška vrednosti, omogućavalo da se u funkciji razvijanja proizvodnje razvija i duhovno stvaralaštvo, ali je ono upravo u toj funkciji ograničavano i podređivano reprodukciji privatnog vlasništva.

Ali proizvodni i stvaralački rad su i u generičkom protivrečju jer se svojevoljno proizvodi samo za sebe, a stvara se i za sebe i za drugoga, zbog čega se prisvajanje tuđeg rada oslanja na društvenu prinudu, dok se stvaralački rad, pošto je svima na slobodnom raspolaganju, ne mora ni prisvajati. Stoga je samo stvaralački rad osnova slobodnog, istinski ljudskog zajedništva, gde svako živi i radi za sve, i svi za svakoga, nasuprot proizvodnom radu, na kojem se zasniva prinudno i prividno, silom održavano zajedništvo.

Prelaz iz jednog u drugi oblik zajedništva ne vrši se, međutim, skokovito pošto se ni iz proizvodnog rada ne uskače u stvaralački rad, nego korenita (revolucionarna) promena nastaje kroz dugotrajan proces međusobnog prožimanja i borbe za dominaciju i konačnu prevagu stvaralaštva. Uslovljen industrijskom revolucijom, neposredni prelaz počinje već sa prerastanjem robne proizvodnje u dominantni oblik društvene reprodukcije, kada sam proizvodni rad počinje da se polarizuje na proizvodnju upotrebne vrednosti za drugoga, i proizvodnju ekonomske vrednosti za sebe, a zajedništvo zasnovano na nasilnoj prinudi da prerasta u ekonomsko zajedništvo koje se zasniva na zajedničkim ekonomskim interesima.

Dalja revolucionarna promena nastaje prerastanjem tržišne razmene u proizvodnu kooperaciju i zajedničko ostvarivanje dohotka na zadružnim principima, kada i ekonomska vrednost počinje da se i za sebe i za drugoga dobrovoljno proizvodi. Gde god je na tim principima uvođena individualna raspodela prema radnom doprinosu, solidarnost je postajala bitno obeležje produkcionog odnosa jer je svako postajao životno zainteresovan za što bolje, ne samo sopstvene već i ukupne rezultate zajedničkog rada, pa stoga i za što bolji život i rad svih drugih saradnika na zajedničkom poslu.

Ekvivalentnost se, međutim, ne može dosledno i naširoko ostvarivati u individualnoj, ako se ne ostvaruje i u primarnoj raspodeli, ali ona nije svojstvena posredovanoj naturalno-etatističkoj, već neposrednoj robnoj razmeni, gde se, u principu, razmenjuju robe različite upotrebne, a iste ekonomske vrednosti, bez čega dobrovoljne razmene ne bi ni bilo. Jednu od najvećih licemernosti komunističke vlastele predstavljalo je upravo to što je na osnovama državnog vlasništva i administrativne centralističke raspodele proklamovala individualnu raspodelu prema radu, koja na tim osnovama nigde i nikada ne bi mogla biti ostvarena.

U embrionalnom stadijumu robna razmena je i pojedinačno vršena u ekvivalentnom obliku dok sa razvojem robne proizvodnje, sve češćim i sve većim tržišnim oscilacijama ponude i potražnje, te uplitanjem raznih monopola, nije u funkciji ubrzane koncentracije i centralizacije kapitala, prerasla u neekvivalentnu stihijnu razmenu, koja protivreči njenoj suštini. Dovodeći u pitanje i privatnu svojinu i robnu proizvodnju, tržišna stihlja je izazvaia njihovu ubrzanu socijalizaciju, koja se ekonomskim putem, kroz zadrugarstvo i akcionarstvo, morala vršiti prerastanjem neekvivalentne u ekvivalentnu razmenu.

Živko Marković   VELIKA (SAMO)OBMANA

Da bi veštački ubrzala akumulaciju državnog kapitala, i time oja-
čala svoje pozicije, komunistička vlastela je ekonomsku koncentraciju
i socijalizaciju zamenila političkom, zamenjujući i neekvivalentnost tr-
žišne razmene neekvivalentnom administrativnom preraspodelom. Na
drugoj strani, i kapitalistička vlastela se poslužila u suštini istim poli-
tičkim metodom državnog intervencionizma da bi, radi ubrzanog uve-
ćavanja sopstvenog kapitala, veštački produžila vek neekvivalentnoj
razmeni i preraspodeli novostvorene vrednosti, pretvarajući tzv. slobo-
dno tržište u predmet svoje etatističke manipulacije.

Pošto su mogućnosti unutarnacionalne klasne eksploatacije og-
raničene, neekvivalentna razmena i raspodela novostvorene vrednosti
je, u funkciji ubrzane koncentracije i centralizacije kapitala, proširena,
i sa nacionalnog podignuta na međunarodni nivo. Oslanjanjem na ma-
tične države, multinacionalne kompanije i transnacionalne korporacije
su praktično monopolisale međunarodno tržište, razarajući nacionalne
privrede i pretvarajući ih u poluge sopstvene reprodukcije, čime je
klasna eksploatacija multiplikovana produžavanjem u međunacionalnu
eksploataciju.

Kao način prisvajanja tuđeg rada, neekvivalentna razmena i ras-
podela je se oduvek i oslanjala na državnu prinudu, čija osnovna funk-
cija zapravo i jeste u zaštiti i obezbeđenju reprodukovanja privatnog,
prisvajanjem tuđeg rada sticanog vlasništva. Država je i najprovidnija
inkarnacija takvog vlasništva jer se u prisvajanju tuđeg rada oslanja na
najdirektniju i najotvoreniju prinudu; kao sudbonosno i nezamenjivo
oruđe privatnog vlasništva, ona je u stvari zajedničko privatno vlasniš-
tvo svih privatnih vlasnika.

Podržavljenjem privatnog kapitala, komunistička vlastela ne sa-
mo što nije ukinula nego je čak do vrhunca vazdigla privatno, tuđim ra-
dom stečeno vlasništvo, a radi njegove apsolutizacije i totalizacije, uki-
nula je lično, sopstvenim radom stečeno vlasništvo, pretvarajući radne

162

mase u kolektivno državno roblje. A da bi sebe obezbedila u samovoljnom i neodgovomom raspolaganju državnom imovinom, ona je privatno vlasništvo dovela i do apsurda time što je ukidanjem individualnog vlasničkog subjektiviteta praktično ukinula vlasništvo a zadržala privatizaciju.

Isto to je nacionalizacijom privatnog kapitala u suštini činila i antikomunistička vlastela, samo što zbog poodmakle ekonomske socijalizacije, nije mogla ceo proces etatizacije dovesti do kraja totalizacije. I jedni i drugi su naduvavali razlike samo da bi prikrili sličnosti; jedni druge su žestoko napadali i osuđivali za to isto što su u sopstvenoj kući sami činili. Stvarana je lažna predstava o dva sasvim različita sveta, a u suštini se radilo samo o dva bloka istog sveta, koji su se tim više gložili što su više jedan drugom sličili, i što su im hegemonističke ambicije bile istovetnije.

Država je igrala revolucionarnu ulogu ukoliko je takvu ulogu imalo privatno vlasništvo. Kao radikalni zahvat buržoaske revolucije, na kojem treba da se zasnivaju sloboda, bratstvo i jednakost svih ljudi, opšta privatizacija se mogla ostvarivati samo kroz ekvivalentnu razmenu rada, u čijoj bi funkciji morala biti i buržoaska država, koja je tu funkciju i ostvarivala ukoliko je u potpomaganju opšte privatizacije i opšte socijaiizacije vlasništva, funkcionisala demokratski.

Zahvaljujući ekonomskoj nadmoći, krupna buržoazija je, međutim, radi uvećavanja sopstvenog kapitala, buržoasku državu pretvorila u oruđe kontrarevolucije, baš kao što je to, radi jačanja sopstvene moći, učinila feudalna ili komunistička vlastela. To se ogledalo, pre svega u: ograničavanju slobode stvaranja i jednostranom usmeravanju naučnotehnološke revolucije u pravcu prioritetnog razvoja vojne industrije; silovanju ekonomije politikom, gušenju slobodne inicijative i ubijanju proizvodne motivacije potiskivanjem ekvivalentne i nametanjem neekvivalentne razmene i paspodele novostvorene vrednosti; ograničavanju i

163

usporavanju ekonomskog i društvenog razvoja kolonijalnim i kolonijalističkim iscrpljivanjem ogromne većine zemalja.

Maksimalnom centralizacijom, krupni kapital je, uz pomoć kolonijalnih sila, i pre svega SAD, uspeo da se izdigne iznad cele svetske zajednice i da njene razvojne potencijale podredi sopstvenom razvoju, nezavisno od stvarnih potreba čovečanstva, pa ako je ranije uvećavanje kapitala bilo u funkciji razvojnih potreba čovečanstva, sada su razvojne potrebe čovečanstva stavljene u funkciju pukog uvećavanja kapitala. Time je kapital od progresivne pretvoren u regresivnu, od revolucionarne u kontrarevolucionarnu snagu proizvodnje.

Kontrarevolucionarno dejstvo kapitala najneposrednije se ispoljava kroz suzbijanje pretvaranja znanja u glavnu i neposrednu snagu proizvodnje, što se ogleda naročito u: bezuslovnom i bezobzirnom stavljanju u zavisnost od kapitala i podređivanju njegovoj reprodukciji nauke, obrazovanja i ukupne duhovne delatnosti; potiskivanju istine lažima i naučnih saznanja ideološkim obmanama; masovnoj migraciji stručnog i stvaralačkog kadra u zemlje sa najvećom koncentracijom kapitala; tehnološkoj zavisnosti većine od nekolicine najrazvijenijih zemalja.

Fatalističkim fetišizacijama kapitala seju sa defetistička osećanja nemoći prema njegovoj moći, nadmoći i barijerama koje stvara društvenom progresu, ali problem nije u samom kapitalu kao nagomilanom i opredmećenom otuđenju ljudskog rada, već u njegovom svojinskom statusu, ili tzv. kapital odnosu. Dok se bez svojinske monopolizacije kapitala kao glavne proizvodne snage, proizvodnja i društvo ne mogu razvijati, on predstavlja imanentnu i nesavladivu ekonomsku silu društvene reprodukcije, kojoj se, po sili samog razvoja, sve mora podređivati, a čim u društvenoj reprodukciji počne gubiti odlučujuću ulogu, mora se njegov monopolistički status održavati spoljašnjim i neekonomskim silama.

Dok kapital kao opredmećeni i monopolizovani ljudski rad, predstavlja glavnu proizvodnu snagu, njegova se akumulacija i koncentracija, po sili ekonomskih zakona vrše gotovo automatski, a njegovi monopolski vlasnici imaju značajnu i nezamenjivu ulogu u procesu društvene reprodukcije. Ukoliko, međutim, monopolski kapital gubi odlučujuću ulogu, i njegovi se vlasnici pretvaraju u marginalnu klasu, koja samo ubira gotove profite, ali za to sve manje imaju ekonomskog opravdanja i ekonomske moći, zbog čega sve više pribegavaju obmanama, prevarama i fizičkoj sili, polažući stoga i sve veće nade u razvijanje vojne industrije.

Izbačena iz glavnog koloseka društvene reprodukcije, štetočinska kapitalistička klasa se, radi održavanja monopolističke ekonomske moći, odaje hazardnim ratnohuškačkim igrama pokušavajući da stvori nekakav nasilnički svetski poredak, na čijem bi čelu mogla da radi šta hoće i bogati se kako hoće. To je opasno kockanje sa sudbinom čovečanstva, dovedeno do ivice katastrofalnog svetskog rata, koji kretenizovana svetska elita može svojim bezumnim igrarijama da izazove iako je totalno nesposobna da ga kontroliše i vodi.

Kraj monopolističke vladavine kapitala, koji neizbežno gubi razvojnu snagu, pokušava se prikriti ideologističkim trabunjarijama o kraju istorije, koji bi značio i kraj čovečanstva pošto ništa što postoji ne može postojati ako se ne razvija. Agonija vladajućih ideologija je u suštini agonija monopolističke vladavine kapitala. Velika kriza savremenog sveta nije kriza njegovog uma, već bezumnosti njegove kapitalističke reprodukcije po svaku cenu, koja ga može koštati ne samo daljeg razvoja nego i samog opstanka.

Spasonosni izlaz iz te krize može biti bolan za vladajuću kapitalističku elitu, ali je bezbolan za stvaralačke snage čovečanstva jer je sama kriza veliki stvaralački izazov. Ni kapital kao opredmećeni ljudski rad neće propasti; propašće samo njegovo monopolističko posedovanje od strane neradnika, za čije ukidanje nije potrebna nikakva fizička, jer već deluje ekonomska prinuda, koju samo treba osloboditi od fizičkog nasilja i silovanja ekonomije voluntarističkom politikom.

Ako su nauka i naučno znanje, zajedno sa celokupnim živim radom, pod vladavinom monopolističkog kapitala, reprodukcija kapitala je u sve većoj zavisnosti od nauke i znanja, zbog čega vladavinu kapitala sve više potiskuje vladavina znanja. Ukoliko se, kao neposredni izraz te promene, upravljanje kapitalom s otuđenih vlasnika prenosi na neposredne korisnike, prenosi se time i stvarno raspolaganje sredstvima društvene reprodukcije koja se iz monopolističkog vlasništva faktički pretvaraju u zajedničko vlasništvo neposrednih nosilaca reprodukcije. A pretvaranjem u zajedničko vlasništvo svih korisnika, ona sve više gube suštastvena obeležja kapitala kao eksploatatorskog produkcionog odnosa.

Da bi se oslobodile kolonijalističke eksploatacije, tim putem bi, razvijanjem izvornog zadrugarstva, masovnog akcionarstva i drugih oblika demonopolizacije vlasništva, prečice morale krenuti i ekonomski zaostalije zemlje, koje bi radi ubrzanog povećavanja produktivnosti, u demokratizaciji svojinskih odhosa morale i prednjačiti. To je jedini pravi izbor i za bivše kvazisocijalističke zemlje, koje bi umesto kopiranja preživelih iskustava razvijenih kapitalističkih zemalja, morale u svim sferama društvene reprodukcije tragati za novim rešenjima. I umesto blagonaklonog podleganja kolonijalnoj dominaciji, morale bi joj se, zajedno sa drugim ugroženim zemljama, organizovano suprotstavljati.

Neekvivalentnoj razmeni i raspodeli mora se suprotstavljati ekvivalentnom razmenom i raspodelom, kolonijalnoj subordinaciji ravnopravnom saradnjom, potčinjavanju samostalnošću, oslanjanju na silu oslanjanjem na slobodnu volju u ostvarivanju zajedničkih interesa, prinudnoj političkoj centralizaciji dobrovoljnom ekonomskom saradnjom, stvaranju autoritarnog stvaranjem demokratskog ekonomskog poretka.

Radi toga, ekonomski zaostale zemlje se ne bi smele zaduživati pod nepovoljnim uslovima, već bi se morale oslanjati na sopstvene ekonomske potencijale i komparativne prednosti. To su upravo one prednosti oko kojih se kolonijalne zemlje otimaju, a naročito prirodne sirovine, energetski potencijali, geofizički položaj, prirodne saobraćajnice, prostrano tržište, i posebno veliki kadrovski potencijali sa jevtinom radnom snagom.

Da bi se te prednosti mogle samostalno koristiti, nerazvijene zemlje bi pre svega morale samostalno izvoditi naučno-tehnološku i socijalno-ekonomsku revoluciju, prihvatajući utakmicu u pronalaženju novih naučnih otkrića i tehnologija, rešenja za unapređenje ekonomije i organizacije rada, i posebno u razvijanju produkcionih odnosa u funkciji što veće stvaralačke, proizvodne i poslovne motivacije. Samo pod tim uslovom nerazvijeni se u međunarodnoj konkurenciji mogu nositi sa razvijenim, smanjivati zaostajanje, sustizati ih, pa i prestizati u ekonomskom razvoju.

Prvi i najvažniji uslov za to su prioritetna i što veća ulaganja u nauku i obrazovanje, kojim će se zaustaviti migracija postojećeg i omogućiti podizanje novog stručnog i stvaralačkog kadra, kao ključnog činioca ekonomskog i društvenog progresa. Najmnogoljudnije zemlje bi pod tim uslovom mogle brzo zauzeti čelnu poziciju u naučnotehnološkoj i socijalno-ekonomskoj revoluciji, što bi im omogućilo ne samo da sustignu već i da prestignu sadašnje imperijalne velesile.

Najpreči, a i nezaobilazni put savremenog naučno-tehnološkog i socijalno-ekonomskog progresa nije, međutim, u pojedinačnim, već u zajedničkim naporima. Samo združenim snagama nerazvijene zemlje mogu prebroditi jaz koji ih deli od razvijenih, i sve se više povećava ukoliko nerazvijeni stalno kaskaju za razvijenim i pod neravnopravnim uslovima im se pridružuju. Razvojna orijentacija nerazvijenih bi stoga morala biti usmerena prvenstveno na međusobno povezivanje i zajednička ulaganja u razvojne programe.

Ali ravnopravna ekonomska saradnja ne može se ni među samim nerazvijenim zemljama ostvarivati putem državnog posredovanja, već samo direktnim povezivanjem privrednih subjekata na principima zajedničkog planiranja i programiranja, te ekvivalentne razmene i raspodele zajednički ostvarenog dohotka. Jedinstvena svetska zajednica koja se takvim povezivanjem konstituiše, neće funkcionisati kao etatističko-politička tvorevina, nego će se razvijati kao slobodna ekonomska i kulturna asocijacija.

Neposredno ekonomsko povezivanje i udruživanje neće se vršiti institucionalistički u okoštale institucije i korporacije, već programatski u slobodne i fleksibilne asocijacije, čija će se organizacija prilagođavati konkretnim programima umesto da se programi prilagođavaju unapred utvrđenoj i nepromenljivoj organizaciji. Državnim aktima i merama takvo privređivanje treba samo da se obezbeđuje i podstiče, radi čega i sama država mora da se od autokratske transformiše u demokratsku instituciju.

Sada se u funkciji centralizacije i monopolizacije kapitala, još centralizuje i monopoliše i politička vlast, usled čega se tendencije demokratizacije potiskuju snažnijim tendencijama autokratizacije. U toj funkciji se, pod pritiskom mondijalističke centralizacije, vrši i autokratizacija Ujedinjenih Nacija, koje su, oslanjanjem na autokratske nacionalne režime, stavljene pod gotovo apsolutnu dominaciju SAD kao najmoćnije autokratske sile sveta. A ukoliko se mondijalistička centralizacija i reprodukcija svetskog kapitala izdiže iznad nacionalnih barijera, jača oligarhijska moć njegovih monopolističkih vlasnika, sa tendencijom da se konstituišu u nadnacionalnu mondijalističku vladu, koja se izdiže iznad suvereniteta nacionalnih država, pa i samih SAD.

Nacionalni suverenitet ne može se povratiti vraćanjem unazad. Nacionalne zajednice se ispod dominacije mondijalističkog imperijalizma ne mogu ni pojedinačno ni zajednički izvući sa svojim autokratskim režimima, koji se pod tom dominacijom, čak i kad joj se suprotstavljaju, jedino i mogu održavati. Stoga je, kao neposredni izraz ali i nužan uslov naučno-tehnološke i socijalno-ekonomske revolucije, neophodna i politička revolucija, koja predstavlja radikalni raskid s autokratskim oblicima vladavine. Ako je autokratska vladavina nužan politički izraz reprodukcione vladavine umnog nad fizičkim radom, onda je s ukidanjem društvene podele na umni i fizički rad, nužno i njeno ukidanje.

Iako se autokratska vladavina oslanja na fizičku silu i organizovano nasilje, ona se ne može ukinuti nikakvim nasiljem, koje ne mora biti uopšte primenjeno ukoliko od samih nasilnika ne bude iznuđeno. Pošto je svaka revolucija u suštini stvaralački, a ne rušilački čin, i politička se revolucija, isto kao naučno-tehnološka i socijalno-ekonomska, samo snagom ljudskog uma može voditi i izvoditi.

Stvaralački čin svetske političke revolucije sastoji se u ostvarivanju iskonskih demokratskih težnji čovečanstva pretvaranjem posredničke u neposrednu, i prividne u stvarnu demokratiju, koja se samo kao opštečovečanski način opštenja, jedino na nivou jedinstvene svetske zajednice i može ostvariti. Kao način ostvarivanja ekvivalentne razmene i raspodele, te ravnopravne ekonomske saradnje privrednih subjekata, neposredno demokratsko odlučivanje je neizostavni uslov razvijanja novih, univerzalnih i univerzumskih produkcionih odnosa, na kojima treba, i jedino može da se zasniva jedinstvena svetska zajednica. Slobode rada i stvaranja ne može biti bez slobodnog odlučivanja i ravnopravnog sporazumevanja radnika i stvaralaca.

Kao opštečovečanski i istinski čovečanski način opštenja u procesu društvene reprodukcije, neposredno demokratsko odlučivanje može se uspostaviti, i vladajućem autokratskom odlučivanju suprotstaviti, samo opštečovečanskom i opštedruštvenom revolucionarnom akcijom. A generički je interes svakog ljudskog bića da samostalno odlučuje i učestvuje u zajedničkom odlučivanju, ne samo o sopstvenoj sudbini već i o sudbini celog čovečanstva jer je sudbina čovečanstva zajednička sudbina svih ljudskih jedinki.

Prelazak sa jednopartijskog na višepartijski sistem vladavine nije obezvlašćenim narodima kvazisocijalističkih zemalja doneo ni grama vlasti. Doneo im je samo rastakanje i cepanje „uzduž i popreko", kako razdvajanjem i suprotstavljanjem različitih naroda, tako i razbijanjem jednog te istog naroda na protivničke tabore u bespoštednim političkim borbama za autokratsku vlast vlastoljubivih i slavoljubivih političkih lidera i liderčića.

To je upravo na liniji konstituisanja unitarnog i autoritarnog mondijalističkog poretka, koji može da se održava samo na autokratskim režimima malih podaničkih skupina direktno vezanih za centralu, zbog čega se i radi na kidanju svih horizontalnih veza i razbijanju složenih zajednica. U takvom poretku nema nikakvih mogućnosti za razvijanje demokratskih odnosa ni unutar, ni među nacionalnim zajednicama.

Nasuprot tome, neposredno demokratsko zajedništvo konstituiše se samostalnim horizontalnim povezivanjem ne samo nacionalnih zajednica nego svih subjekata društvene reprodukcije, koji jedino u takvim odnosima i mogu biti samostalni. Otuđeno državno zajedništvo se na taj način u stvari transformiše u izvorno, samosvojno i samoupravno zajedništvo celog naroda koji o svojoj sudbini, umesto povlašćenih elita, sam odlučuje.

Ako je, zbog neizbežne dominacije umnog nad fizičkim radom, u proizvođačkom društvu neostvariva, na prelazu u slobodno stvaralačko društvo demokratija je ne samo moguća već i nužna. Ona nije samo neizostavni uslov slobodnog stvaralaštva, koje bez demokratskih sloboda ne može procvetati, nego je i jedini način samoizbavljenja čovečanstva od nerazumnih egoističkih poteza povlašćenih elita koje zarad očuvanja svojih pozicija po svaku cenu, ne prezaju ni od njegovog uništenja. Na sudbonosnoj istorijskoj prekretnici kada se radi o biti ili ne biti, sudbonosne odluke o sopstvenom opstanku mora donositi bukvalno celo čovečanstvo, čija većina zadržavanjem podaničke pozicije nema ni privremeno šta da dobije, a njenim ukidanjem dobija celu večnost.

Demokratska revolucija nije spontani nego, kao i svaka društvena revolucija, organizovani proces koji mora zahvatiti celo društvo da bi se njegov demokratski preporod zaista izvršio. Umesto bilo kakvih revolucionarnih elita, njenu vodeću i noseću snagu treba da čini revolucionarni pokret koji okuplja sve progresivne snage društva spremne da, ne kao predstavnici već kao pripadnici naroda, preuzmu odgovornost za neposredno odlučivanje samog naroda o sopstvenoj sudbini.

Mozak i srce tog pokreta, koji nije samo politički nego univerzalni opštedruštveni pokret, treba i mogu da čine one iste stvaralačke snage koje nose naučno-tehnološku i socijalno-ekonomsku revoluciju. Njihova revolucionarna moć proističe kako iz njihove stvaralačke moći, tako i iz odlučujuće pozicije koju već zauzimaju, i sve će je više zauzimati u društvenoj reprodukciji. Dovoljno je da makar i njihov manji broj otkaže svojim poslodavcima radnu poslušnost pa da ih primora na prihvatanje određenih revolucionarnih rešenja.

Pravi stvaraoci neće padati u iskušenje da zarad nekih egoističkih ambicija izdaju revoluciju jer je duhovno stvaralaštvo njihova najveća i nezamenjiva životna ambicija, koja nije samo njihov lični, već je i opštedruštveni interes. Zbog te podudarnosti, stvaralačke snage su po prirodi svoje delatnosti glavna integrativna i koheziona snaga društva, pa stoga i revolucionarnog opštedruštvenog pokreta, sposobna da privlači i okuplja sve ostale progresivno orijentisane snage.

Stvaralačku revoluciju, kao opštečovečanski preporod, mora nositi opštečovečanski revolucionarni pokret koji ujedinjuje progresivne

snage celog sveta. Zato bi umesto poznate parole Komunističkog ma-
nifesta „proleteri svih zemalja ujedinite se", na zastavi stvaralačke revo-
lucije trebalo ispisati parolu „narodi svih zemalja ujedinite se". A poš-
to su ujedinjujuća snaga svakog naroda njegove stvaralačke snage, ona
bi morala biti dopunjena parolom „stvaraoci celog sveta ujedinite se".

MODEL ORGANIZOVANJA I DELOVANJA POKRETA ZA PROGRES

Karakter Pokreta

Pokret za progres je masovna društvena organizacija otvorena za zajedničko delovanje svih koji su spremni da se organizovano bore za društveni progres.

Pod društvenim progresom podrazumeva se sve što, u interesu svih ili bar većine čovečanstva, vodi daljem unapređivanju i razvijanju: duhovnog stvaralaštva, proizvodnje, životnog standarda i društvenih odnosa.

Osnovni cilj Pokreta je da povezanim i koncentrisanim delovanjem progresivnih snaga doprinosi ubrzavanju društvenog progresa.

U svom delovanju Pokret se rukovodi naučnim saznanjima i njihovom humanom primenom u ostvarivanju progresivnih ciljeva.

Organizovanje Pokreta

Pokret se organizuje po interesnom i teritorijalnom principu.

Interesna organizacija je oblik delovanja pripadnika Pokreta na ostvarivanju određenih zajedničkih interesa.

Teritorijalna organizacija deluje na određenom području gde boravi najmanje tri pripadnika Pokreta.

173

Aktivnosti organizacije Pokreta koordinira demokratski izabrani koordinator ili koordinaciono telo sa jednim čelnim koordinatorom.

Osnovne (interesne i teritorijalne) organizacije udružuju se u šire organizacije Pokreta, radi zajedničkog delovanja na ostvarivanju širih društvenih interesa.

Organizacije Pokreta deluju samostalno u zauzimanju i ostvarivanju svojih stavova.

Zajedničko delovanje organizacija udruženih u šire organizacije Pokreta, koordiniraju koordinaciona tela sastavljena od čelnih koordinatora užih, odnosno osnovnih organizacija.

Sve odgovorne funkcije u Pokretu obavljaju se volonterski.

Evidencija stalnih pripadnika Pokreta, koji Pokretu pristupaju samoinicijativno, vodi se u osnovnim organizacijama.

Pored stalnih pripadnika, u konkretnim aktivnostima organizacija Pokreta mogu povremeno učestvovati i drugi aktivisti.

U Pokret se, kao kolektivni pripadnici, mogu udružiti sve organizacije koje su po svojoj programskoj orijentaciji opredeljene za društveni progres.

Udružene organizacije deluju u sastavu Pokreta samostalno, a njihove aktivnosti koordiniraju koordinaciona tela Pokreta u čijem sastavu imaju svoje predstavnike.

U konkretnim aktivnostima Pokreta mogu, povremeno, učestvovati i progresivne organizacije koje nisu stalno udružene u Pokret.

Pokret u borbi za društveni progres ravnopravno sarađuje sa drugim organizacijama i pokretima.

Društvena opredeljenja Pokreta

Osnovna društvena opredeljenja Pokreta su:
– zaštita i slobodan razvoj svih i svakog pripadnika ljudskog roda;
– zaštita i negovanje prirode i životne sredine svakog čoveka;
– opšta i neograničena sloboda duhovnog stvaranja;

ORGANIZOVANJE I DELOVANJE POKRETA ZA PROGRES

– očuvanje svih tekovina ljudske kulture;

– sloboda mišljenja i slobodno ispoljavanje ličnih ubeđenja;

– slobodno kretanje istinosnih, i suzbijanje lažnih informacija;

– dostupnost i društveno jednake mogućnosti korišćenja naučnih saznanja i svih duhovnih tekovina za sve pripadnike ljudskog roda;

– za sve ljude društveno jednake mogućnosti opšteg i stručnog obrazovanja;

– prioritetna ulaganja u nauku i obrazovanje, i razvijanje fundamentalnih, primenjenih i razvojnih istraživanja u svim sferama ljudskog života;

– neprekidno stvaranje novih tehnologija u funkciji stalnog unapređivanja proizvodnje i oplemenjivanja životne sredine;

– automatizacija proizvodnje i drugih rutinskih delatnosti radi maksimalizacije produktivnosti i oslobađanja čoveka od fizički i psihički iscrpljujućeg rada;

– stalno unapređivanje produkcionih odnosa i demonopolizacija vlasništva razvijanjem izvornog zadrugarstva, masovnog akcionarstva i drugih oblika demokratizacije svojinskih odnosa;

– ekvivalentna razmena i raspodela novostvorene vrednosti prema ukupnom (živim i opredmećenim radom) doprinosu njenom stvaranju;

– prevazilaženje klasnih, socijalnih i nacionalnih nejednakosti ukidanjem društvene podele rada i spajanjem rada i upravljanja;

– produktivno zapošljavanje i obezbeđenje minimuma egzistencije, socijalne i zdravstvene zaštite za sve koji su iz objektivnih razloga nezaposleni ili su za privređivanje nesposobni;

– za sve jednaka ekonomska, socijalna, kulturna, politička i sva druga ljudska prava, kao i jednake društvene mogućnosti njihovog ostvarivanja;

– neograničena sloboda društvenog i političkog organizovanja i delovanja;

– slobodna inicijativa, ravnopravno sporazumevanje i neposredno demokratsko odlučivanje o zajedničkim, odnosno društvenim interesima i potrebama;

– samostalnost, slobodan razvoj, ravnopravna saradnja i slobodno udruživanje svih naroda sveta;

– demokratizacija i demokratska integracija svetske zajednice;

– udruživanje svih stvaralačkih i progresivnih snaga u jedinstveni pokret za progres i preporod čovečanstva.

Način delovanja Pokreta

Pokret za progres je organizacija slobodne inicijative.

Osnovni metod delovanja Pokreta je demokratsko pokretanje inicijativa za unapređivanje ukupnog društvenog života.

Inicijative u organizacijama Pokreta mogu pokretati pojedinci, neformalne grupe i svi oblici društvenog organizovanja.

Osnovna organizacija Pokreta dužna je da razmotri inicijativu svakog pojedinca, neformalne grupe ili organizacije, o istoj se izjasni i zauzme svoj stav.

Šire organizacije Pokreta dužne su da razmatraju inicijative užih, odnosno osnovnih organizacija Pokreta, kao i drugih oblika društvenog organizovanja, odnosno kolektivnih pripadnika Pokreta, o njima se izjašnjavaju i zauzimaju svoje stavove.

Pokrenute inicijative postaju inicijative organizacija Pokreta kada ih prihvate demokratskim izjašnjavanjem svojih pripadnika.

Pripadnici Pokreta se neposredno i ravnopravno izjašnjavaju i dogovaraju o zajedničkom delovanju.

Stavovi o prihvatanju pokrenutih inicijativa i zajedničkom delovanju na njihovom ostvarivanju, zauzimaju se jednoglasno ili većinom glasova pripadnika organizacije Pokreta kad se jednoglasnost ne može postići.

U zauzimanju i sprovođenju stavova o zajedničkom delovanju učestvuju neposredno svi pripadnici Pokreta.

Ukoliko stavove pojedinaca ne prihvati većina pripadnika organizacije Pokreta, oni ih mogu samostalno sprovoditi ako se ne kose sa osnovnim opredeljenjima Pokreta.

ORGANIZOVANJE I DELOVANJE POKRETA ZA PROGRES

Pripadnici Pokreta čije se delovanje kosi sa osnovnim opredeljenjima Pokreta, smatraće se izopštenim iz Pokreta i brisati iz njegove evidencije.

Organizacije Pokreta pokreću svoje inicijative pred nadležnim društvenim, državnim i međunarodnim organizacijama i organima.

Pokrenute inicijative organizacija Pokreta treba da budu obrazložene i da sadrže konkretne predloge o načinu rešavanja pokrenutih pitanja.

U pokretanju svojih inicijativa organizacije Pokreta koriste sve zakonske mogućnosti o narodnoj inicijativi.

Organizacije Pokreta koriste u pokretanju svojih inicijativa sva demokratska sredstva društvenog uticaja.

Društveni uticaj Pokreta zasniva se na snazi argumenata i progresivnosti inicijativa koje pokreće.

U borbi za društveni progres, Pokret se suprotstavlja svemu što je regresivno. Sili i nasilju suprotstavlja se umom i razumom, lažima istinom, razaranju stvaranjem, ratu mirom, bratoubilaštvu bratimljenjem, razdruživanju udruživanjem, razjedinjavanju ujedinjavanjem.

Svojim opredeljenjima Pokret deluje na formiranje progresivnog javnog mnenja, putem kojeg se ostvaruje dominacija snaga progresa nad snagama regresa.

U ostvarivanju progresivnih ciljeva, pripadnici Pokreta se, pojedinačno ili grupno, koriste i restriktivnim delovanjem, kao što su: otkazivanje radne i građanske poslušnosti, javni protesti, osude regresivnih stavova, mera i postupaka, i suzbijanje demokratskim sredstvima svih otpora društvenom progresu.

Radi unapređivanja svog delovanja i jačanja društvenog uticaja, Pokret će se prema svemu što čini, samokritički odnositi.